A EFETIVIDADE DAS NORMAS CONSTITUCIONAIS ATRAVÉS DO MANDADO DE INJUNÇÃO

O CONTROLE DA OMISSÃO PARCIAL

MARIA CECÍLIA CURY CHADDAD

Prefácio
Flávia Piovesan

A EFETIVIDADE DAS NORMAS CONSTITUCIONAIS ATRAVÉS DO MANDADO DE INJUNÇÃO

O CONTROLE DA OMISSÃO PARCIAL

Belo Horizonte

2011

© 2011 Editora Fórum Ltda.

É proibida a reprodução total ou parcial desta obra, por qualquer meio eletrônico, inclusive por processos xerográficos, sem autorização expressa do Editor.

Conselho Editorial

Adilson Abreu Dallari
André Ramos Tavares
Carlos Ayres Britto
Carlos Mário da Silva Velloso
Carlos Pinto Coelho Motta (in memoriam)
Cármen Lúcia Antunes Rocha
Cesar Augusto Guimarães Pereira
Clovis Beznos
Cristiana Fortini
Dinorá Adelaide Musetti Grotti
Diogo de Figueiredo Moreira Neto
Egon Bockmann Moreira
Emerson Gabardo
Fabrício Motta
Fernando Rossi
Flávio Henrique Unes Pereira
Floriano de Azevedo Marques Neto

Gustavo Justino de Oliveira
Inês Virgínia Prado Soares
Jorge Ulisses Jacoby Fernandes
José Nilo de Castro
Juarez Freitas
Lúcia Valle Figueiredo (in memoriam)
Luciano Ferraz
Lúcio Delfino
Marcia Carla Pereira Ribeiro
Márcio Cammarosano
Maria Sylvia Zanella Di Pietro
Ney José de Freitas
Oswaldo Othon de Pontes Saraiva Filho
Paulo Modesto
Romeu Felipe Bacellar Filho
Sérgio Guerra

Luís Cláudio Rodrigues Ferreira
Presidente e Editor

Coordenação editorial: Olga M. A. Sousa
Revisão: Adalberto Nunes Pereira Filho
Bibliotecária: Tatiana Augusta Duarte – CRB 2842 – 6ª Região
Indexação: Leila Aparecida Anastácio – CRB 2513 – 6ª Região
Capa e projeto gráfico: Walter Santos
Diagramação: Karine Rocha

Av. Afonso Pena, 2770 – 15º/16º andares – Funcionários – CEP 30130-007
Belo Horizonte – Minas Gerais – Tel.: (31) 2121.4900 / 2121.4949
www.editoraforum.com.br – editoraforum@editoraforum.com.br

C432e	Chaddad, Maria Cecília Cury
	A efetividade das normas constitucionais através do mandado de injunção: o controle da omissão parcial / Maria Cecília Cury Chaddad; prefácio de Flávia Piovesan. Belo Horizonte: Fórum, 2011.
	138 p.
	ISBN 978-85-7700-498-0
	1. Direito constitucional. 2. Direito processual constitucional. I. Piovesan, Flávia. II. Título.
	CDD: 341.2
	CDU: 342

Informação bibliográfica deste livro, conforme a NBR 6023:2002 da Associação Brasileira de Normas Técnicas (ABNT):

CHADDAD, Maria Cecília Cury. *A efetividade das normas constitucionais através do mandado de injunção*: o controle da omissão parcial. Belo Horizonte: Fórum, 2011. 138 p. ISBN 978-85-7700-498-0.

AGRADECIMENTOS

É chegada a hora mais difícil de todas: a hora dos agradecimentos. Se pudesse, faria agradecimentos nominais, mas isso resultaria em infindáveis volumes, páginas e mais páginas de reverência. Assim, o farei de forma genérica aqui, mas com a certeza de que cada um merece e receberá, oportunamente, minhas homenagens.

Agradeço a minha orientadora, Doutora Flávia Piovesan, com quem muito tenho aprendido lições que transbordam o direito constitucional. Com ela, aprendi, por exemplo, que, assim como o direito, a vida não é um dado, mas um construído.

Agradeço, igualmente, aos Professores André Ramos Tavares, Marcelo Figueiredo e Luiz Roberto Barroso por terem aceitado meu convite para compor minha banca de mestrado, aos quais agradeço cada uma das críticas e comentários resultantes de uma cuidadosa leitura deste trabalho que agora publico.

Agradeço, ainda, aos demais Professores e Professoras com quem aprendi outras tantas inesquecíveis e insubstituíveis lições.

Não poderia deixar de render especial homenagem ao Professor Cassio Scarpinella Bueno, partícipe deste processo.

À Vera, agradeço pelo apoio indispensável na publicação desse trabalho.

Agradeço a Deus, a minha família e amigos, que estiveram comigo durante todo o longo período de estudos, que teve início há muito tempo e que não tem data prevista para seu término. Agradeço pelos livros emprestados, paciência e compreensão, sobretudo.

Sem vocês, nada faria sentido nesta vida.

Se as coisas são inatingíveis... ora
Não é motivo para não querê-las...
Que tristes os caminhos se não fora
A presença distante das estrelas
(Mário Quintana)

SUMÁRIO

PREFÁCIO
Flávia Piovesan 11

CAPÍTULO 1
INTRODUÇÃO 15

CAPÍTULO 2
O CONTROLE DE CONSTITUCIONALIDADE 19
2.1 Considerações iniciais 19
2.2 Origem do controle da constitucionalidade e modelos 24
2.3 Espécies de inconstitucionalidade 26
2.4 O controle de constitucionalidade no Brasil 31

CAPÍTULO 3
O CONTROLE CONSTITUCIONAL DA OMISSÃO 39
3.1 Considerações iniciais 39
3.2 Classificação das normas constitucionais 43
3.3 Direito comparado 49
3.4 Instrumentos para o controle da omissão na Constituição de 1988 51

CAPÍTULO 4
O MANDADO DE INJUNÇÃO 57
4.1 O mandado de injunção na Constituição de 1988 57
4.2 Origem 61
4.3 Objeto 66
4.4 Finalidade 70
4.5 Pressupostos 81
4.5.1 A norma regulamentadora 84
4.5.2 A falta de norma regulamentadora 86

CAPÍTULO 5
O CONTROLE DA OMISSÃO INCONSTITUCIONAL POR MEIO DO
MANDADO DE INJUNÇÃO 89
5.1 A hermenêutica constitucional 89
5.2 O posicionamento do Supremo Tribunal Federal 95

5.2.1 Existência de norma complementando o comando constitucional..... 96
  Caso 1 96
  Caso 2 96
  Caso 3 98
  Caso 4 99
  Caso 5 100
5.2.2 Existência de norma, não obstante seja insatisfatória ou injusta 101
  Caso 1 101
  Caso 2 102
  Caso 3 102
  Caso 4 103

CAPÍTULO 6
O ALCANCE DE MÁXIMA EFETIVIDADE DAS NORMAS
CONSTITUCIONAIS ATRAVÉS DO MANDADO DE INJUNÇÃO 105
6.1 A máxima efetividade das normas constitucionais 106
6.2 O princípio do acesso à justiça 109
6.3 O princípio da dignidade da pessoa humana como vetor
  interpretativo 111
6.4 A aplicabilidade imediata das normas definidoras de direitos e
  garantias fundamentais 114
6.5 O posicionamento do Supremo Tribunal Federal 115

CONCLUSÃO 119

REFERÊNCIAS 123

ÍNDICE DE ASSUNTO 135

ÍNDICE ONOMÁSTICO 137

PREFÁCIO

Tive o privilégio de conhecer Maria Cecília Cury Chaddad quando ela era aluna na Faculdade de Direito da PUC-SP. Desde logo, impressionaram-me sua inquietude pelo saber, sua curiosidade pela pesquisa e sua devoção acadêmica. Ao longo dos últimos anos, com orgulho tenho acompanhado o desenvolvimento das destacadas qualidades profissionais da autora, seja na docência, seja na advocacia. Expresso minha maior gratidão pela dádiva de nosso precioso convívio acadêmico no curso de direito constitucional da PUC-SP, em que é minha assistente há mais de dez anos, prestando uma excelente colaboração.

O livro, que tenho a profunda alegria em prefaciar, é fruto de primorosa dissertação de mestrado defendida por Maria Cecília Cury Chaddad no programa de Pós-Graduação da PUC-SP. Por sua consistência, é capaz de revelar a elevada competência da autora a fortalecer a cultura constitucionalista democrática e emancipatória em nosso país.

A preocupação maior desta investigação é uma só: conferir prevalência à vontade constitucional, de forma a realizar plenamente a dimensão de direitos e liberdades consagrados na Constituição.

O objeto do estudo é enfocar o fascinante instrumento do mandado de injunção, seu alcance, impacto e finalidade na implementação do constitucionalismo social previsto pelo texto de 1988. A autora o faz com especial objetividade, consistência e clareza.

A obra adota como ponto de partida o enfoque do controle da constitucionalidade das leis, com destaque às vias e mecanismos voltados a assegurar a supremacia constitucional. Transita, então, para o estudo do controle constitucional da omissão, contextualizando a temática à luz das inovações introduzidas pela Constituição de 1988, com ênfase à ação direta de inconstitucionalidade por omissão e ao mandado de injunção.

Insere-se o mandado de injunção no marco do constitucionalismo social de 1988, caracterizado por contemplar um Estado intervencionista no campo das políticas públicas, bem como um extenso catálogo de direitos sociais veiculados por um considerável universo de normas de eficácia limitada, a demandar regulamentação. Daí emerge a concepção da inconstitucionalidade por omissão. Com a Carta de 1988, o silêncio, o não fazer, a inação passam a configurar violação à Constituição, quando há o dever constitucional de ação. Neste sentido, o texto de 1988 não só amplia a noção de inconstitucionalidade, como também prevê mecanismos de controle da inconstitucionalidade por omissão — como o mandado de injunção e a ação direta de inconstitucionalidade por omissão. Assim, o mandado de injunção surge como uma garantia voltada a reforçar o constitucionalismo social, conferindo ao indivíduo um instrumento concretizador das normas constitucionais, quando da falta de norma regulamentadora a tornar viável um direito, uma liberdade ou uma prerrogativa constitucional.

A obra tem o mérito de realizar um detido exame acerca do mandado de injunção, avaliando sua origem, objeto, finalidade, pressupostos e a jurisprudência produzida pelo Supremo Tribunal Federal.

Na história jurisprudencial do mandado de injunção, é considerado *leading case* o MI nº 107/DF, no qual sustentou o Supremo Tribunal Federal ser o mandado de injunção uma ação que "visa a obter do Poder Judiciário a declaração de inconstitucionalidade por omissão se estiver caracterizada a mora em regulamentar por parte do poder, órgão, entidade ou autoridade de que ela dependa, com a finalidade de que se lhe dê ciência dessa declaração, para que adote as providências necessárias, à semelhança do que ocorre com a ação direta de inconstitucionalidade por omissão". Este entendimento veio a respaldar a corrente não concretista, que teve como consequência esvaziar, comprometer e debilitar dramaticamente a potencialidade da nova garantia.

Em 2006, o Supremo Tribunal Federal, ao julgar o MI nº 712/PA e o MI nº 670/MS, conferiu efeito concreto à norma constitucionalmente prevista, removendo obstáculo decorrente da omissão e tornando viável o exercício do direito. Estes julgados acenam à esperança de uma mudança jurisprudencial acerca do mandado de injunção, a resgatar o seu sentido e as suas potencialidades, como relevante instrumento para a concretização de direitos, liberdades e prerrogativas constitucionais.

Neste cenário de oscilações interpretativas, Maria Cecília Cury Chaddad, com firmeza argumentativa, tem a ousadia de romper com uma lógica excessivamente formalista, para, em nome do princípio da dignidade humana e do princípio do acesso à justiça, propugnar pela máxima vitalidade dos direitos e liberdades constitucionais através do mandado de injunção. Contrapondo-se à jurisprudência majoritária do Supremo, sustenta que a existência de norma regulamentadora insatisfatória ou injusta não estaria a inviabilizar o cabimento do mandado de injunção e de sua vocação como instrumento concretizador de direitos, liberdades e prerrogativas. Com inteira razão, entende a autora que há violação à Constituição quando a regulamentação é insuficiente ou insatisfatória, caracterizando uma omissão parcial. Para o Supremo, diversamente, a mera existência de norma regulamentadora, independentemente de seu conteúdo, estaria a impedir a impetração do mandado de injunção, o que "resultada na inefetividade do mandado de injunção e, consequente, da própria Constituição", como bem conclui a autora.

Com serenidade e lucidez, inspirada nos princípios da hermenêutica constitucional, busca a autora uma interpretação ótima da Constituição, a demandar dos Poderes Públicos a máxima efetividade às normas constitucionais. Sua argumentação é centrada na defesa dos princípios da máxima efetividade constitucional, acesso à justiça, dignidade humana e aplicabilidade imediata das normas definidoras de direitos e garantias fundamentais. Triunfam, assim, os princípios constitucionais emancipatórios, em detrimento de uma ótica de extremo positivismo e formalismo a aniquilar a plenitude de direitos, liberdades e prerrogativas constitucionais.

Por todas suas elevadas qualidades, a obra presta uma extraordinária contribuição ao fortalecimento da cultura constitucionalista no Brasil, amparada na força expansiva do princípio ético da dignidade humana e na obstinada luta por direitos e por justiça. A todo tempo, o estudo irradia as preciosas lições de Konrad Hesse, para quem a Constituição converter-se-á em força ativa se se fizer presente na consciência geral não só a vontade de poder, mas também a vontade de Constituição.

São Paulo, 20 de janeiro de 2011.

Flávia Piovesan

Professora Doutora em Direito Constitucional e Direitos Humanos da Pontifícia Universidade Católica de São Paulo. Professora de Direitos Humanos dos Programas de Pós-Graduação da Pontifícia Universidade Católica de São Paulo, da Pontifícia Universidade Católica do Paraná e da Universidade Pablo de Olavide (Sevilha, Espanha). Visiting fellow do Human Rights Program da Harvard Law School (1995 e 2000). Visiting fellow do Centre for Brazilian Studies da University of Oxford (2005). Visiting fellow do Max Planck Institute for Comparative Public Law and International Law (Heidelberg – 2007 e 2008), sendo atualmente Humboldt Foundation Georg Forster Research Fellow no Max Planck Institute (Heidelberg – 2009-2011). Procuradora do Estado de São Paulo. Membro do Conselho de Defesa dos Direitos da Pessoa Humana.

CAPÍTULO 1

INTRODUÇÃO

A Constituição da República Federativa do Brasil, promulgada em 1988, confere, em seu artigo 5º, inciso LXXI, a faculdade de impetrar o mandado de injunção a quem se vê impossibilitado de exercer direito, liberdade ou prerrogativa inerente à nacionalidade, soberania e cidadania garantida pelo texto constitucional, em razão de ausência de norma regulamentadora desse comando constitucional. É redação desse dispositivo constitucional:

> Art. 5º
> (...)
> LXXI. Conceder-se-á mandado de injunção sempre que a falta de norma regulamentadora torne inviável o exercício dos direitos e das prerrogativas inerentes à nacionalidade, à soberania do povo e a cidadania.

Consoante será demonstrado ao longo do capítulo 4, em especial no item 4.5, a doutrina traz alguns pressupostos para que seja admissível o uso do mandado de injunção, dentre eles: a) a existência de um direito ou liberdade constitucional ou de uma prerrogativa inerente à nacionalidade, à soberania e à cidadania; b) falta de norma regulamentadora desse direito ou liberdade constitucional ou prerrogativa; e, c) inviabilidade do exercício desse direito ou liberdade constitucional ou prerrogativa, em virtude da falta da norma regulamentadora.

Essa ausência de norma regulamentadora é compreendida, pela doutrina e pela jurisprudência, consoante será exposto mais adiante, no item 4.5.2, como uma "lacuna técnica", isto é, como a existência de um nexo causal entre o *vacuum juris* e a impossibilidade do exercício dos direitos e liberdades constitucionais e das prerrogativas inerentes à nacionalidade, à soberania e à cidadania.

Não obstante a doutrina tenha sustentado ser o objetivo do mandado de injunção o de implementar as normas constitucionais definidoras de garantias, o Supremo Tribunal Federal tem proferido decisões divergentes desse posicionamento, adotando, como regra, a corrente não concretista, conferindo a mera ciência ao órgão omisso, o que diminuiu, de forma bastante sensível, o uso e o sucesso do instituto.

Ademais, o Supremo Tribunal Federal tem entendido a simples existência de uma norma regulamentadora como razão suficiente para não ser mais cabível o mandado de injunção. Assim, deixa de considerar se a norma cumpre integralmente o disposto na Constituição, se é elaborada conforme determina o texto constitucional ou se viola alguma outra norma constitucional.

Sucintamente, o argumento utilizado nessas decisões é de ser o pressuposto para a impetração do mandado de injunção, como já salientado acima, *a mera inexistência de norma regulamentadora*. Existindo uma norma regulamentando o dispositivo constitucional — independentemente de seu conteúdo — o impetrante seria carecedor da ação — explique-se: o termo carecedor é aqui empregado no sentido de que o impetrante não teria direito à utilização do *writ*.[1]

O que importaria, para o Supremo Tribunal Federal, seria a simples existência de uma norma, sem que haja a consideração do

---

[1] "Constitucional. Mandado de injunção: existência da norma infraconstitucional: não-cabimento da injunção. CF, art. 5º, LXXI. I. A norma regulamentadora, infraconstitucional, existe. Todavia, o impetrante a considera insatisfatória. Caso de não-cabimento do mandado de injunção. II. Negativa de seguimento ao pedido. Agravo não provido" (STF, Tribunal Pleno, MI nº 600 AgR/BA, rel. Min. Carlos Velloso, j. un. 26.03.2003, *DJU*, p. 4603, 09 maio 2003). No mesmo sentido: STF, Tribunal Pleno, MI nº 582/RJ, rel. Min. Sydney Sanches, j. un. 28.08.2002, *DJU*, p. 9, 28 fev. 2003; STF, Tribunal Pleno, MI nº 616/SP, rel. Min. Nelson Jobim, j. un. 17.06.2002, *DJU*, p. 25, 25 out. 2002; STF, Tribunal Pleno, MI nº 605/RJ, rel. Min. Ilmar Galvão, j. un. 30.08.2001, *DJU*, p. 38, 28 nov. 2001; STF, Tribunal Pleno, MI nº 609 AgR/RJ, rel. Min. Octávio Gallotti, j. un. 01.06.2000, *DJU*, p. 70, 22 nov. 2000; STF, Tribunal Pleno, MI nº 254 AgR/DF, rel. Min. Néri da Silveira, j. un. 07.08.1991, *DJU*, p. 16842, 02 out. 1992.

atingimento de sua função constitucional, qual seja: a de viabilizar, efetivamente, o exercício de direito, liberdade ou prerrogativa inerente à nacionalidade, soberania e cidadania.

Diante do quadro exposto, é possível perceber que, passados cerca de 20 anos da promulgação da Constituição de 1988, sem ter havido completa efetividade quanto ao alcance pretendido pela norma que instituiu o mandado de injunção, a questão merece um tratamento mais acurado, adequado à hermenêutica constitucional atual, a qual propugna pela efetividade ótima da Constituição, isto é, por uma interpretação que confira às normas constitucionais a maior eficácia possível. E é exatamente isso que se pretende sistematizar aqui.

Para tanto, faz-se mister, antes, uma análise do tema relativo ao controle da constitucionalidade, a fim de que seja possível compreender o papel da Constituição no ordenamento jurídico. Nesse sentido, dar-se-á especial atenção à origem do controle de constitucionalidade, objetivos desse controle, assim como às espécies de inconstitucionalidade que podem advir tanto da afronta ao determinado pela Constituição quanto da omissão em sua implementação.

Feitas tais considerações, será possível cuidar do tratamento do tema pelo direito brasileiro, sempre tendo em mente que esse não é o foco principal deste livro, servindo tão somente como suporte para as considerações a serem feitas, eis que retrata o contexto no qual se insere o seu objeto de investigação.

Na sequência, mas antes de adentrar especificamente no estudo do mandado de injunção, entende-se ser necessário examinar o controle da omissão inconstitucional, destacando-se, assim como será feito no controle da constitucionalidade genérico, sua origem no direito comparado e o tratamento pelo direito pátrio. Nesse ponto, será importante cuidar, ainda, das classificações das normas constitucionais apresentadas pela doutrina.

Terminada essa fase, a atenção finalmente será voltada para o instituto do mandado de injunção, quando se buscará sua origem, objeto, finalidade e pressupostos, com a consideração do conceito de norma regulamentadora para fins de impetração desse *writ*, pois é exatamente nesse ponto que se encontra o óbice posto pela jurisprudência do Supremo Tribunal Federal.

Então, buscar-se-á apresentar quais argumentos têm sido utilizados como justificativas para a adoção da interpretação de bloqueio em face desse instrumento, desde sua criação na jurisprudência do Tribunal Constitucional, verificando-se em que medida encontra guarida nas regras atinentes à hermenêutica constitucional.

Superadas tais análises, será possível focar especificamente o objeto central do presente trabalho, qual seja: a busca por argumentos justificadores de uma interpretação mais ampla do mandado de injunção, que seja apta a conferir, a esse remédio constitucional, maior eficácia. Assim, será possível conferir, às normas constitucionais, sua máxima efetividade, tal como almejado pelo poder constituinte brasileiro quando da elaboração da Constituição da República Federativa do Brasil, em 1988.

CAPÍTULO 2

O CONTROLE DE CONSTITUCIONALIDADE

2.1 Considerações iniciais

A fim de realizar-se uma análise específica do controle da omissão por meio do mandado de injunção, faz-se mister, antes, algumas considerações acerca do tema atinente ao controle da constitucionalidade das normas,[2] tema ao qual este capítulo é dedicado, no qual serão indicados o conceito e os fundamentos teóricos que explicam a sua importância no constitucionalismo moderno.[3]

---

[2] Do ponto de vista funcional, para fins de controle, entende-se por norma "todo e qualquer preceito normativo, independentemente de seu caráter geral e abstracto ou individual e concreto" (CANOTILHO. *Direito constitucional e teoria da Constituição*, p. 923).

[3] Conceitua-se o constitucionalismo, em linhas gerais, como o movimento constitucional gerador das Constituições no sentido moderno, que prega a necessidade de um governo limitado, "indispensável à garantia dos direitos de dimensão estruturante da organização político-social de uma comunidade" (CANOTILHO. *Direito constitucional e teoria da Constituição*, p. 51). Sobre o tema, ver: MORAES. *Jurisdição constitucional e tribunais constitucionais*: garantia suprema da Constituição, p. 36-41; STRECK. *Jurisdição constitucional e hermenêutica*: uma nova crítica do direito, p. 95-101.

Parte-se da premissa de que o ordenamento jurídico é um sistema,[4] em cujo ápice, consoante se demonstrará a seguir, está a Constituição.[5] Assim, tem-se a Constituição como fonte primária, que confere legitimidade a todas as demais normas do ordenamento jurídico.

Devido a esse importante papel da Constituição, é imperioso existir a previsão de uma forma de aferir-se a compatibilidade de norma inferior ao disposto na Lei das leis, momento no qual se torna possível verificar a validade da norma dentro do sistema, sua compatibilidade vertical com a fonte legitimadora.[6] É exatamente esse o papel do controle de constitucionalidade das normas jurídicas.

Deveras, conceitua-se o controle de constitucionalidade como a verificação de adequação de uma dada norma ou medida a uma determinada Constituição ou, ainda, consoante se demonstrará no item 3.1, *infra*, de uma omissão dentro do ordenamento jurídico.[7]

Na aferição da constitucionalidade de uma norma, é preciso ressaltar, o órgão responsável pelo controle deve atentar tanto para os

---

[4] A doutrina tem partido da ideia de que o ordenamento jurídico é um sistema dotado de unidade valorativa, com uma unidade interior conferida por seu núcleo normativo: a Constituição. Ver, a esse respeito, CANARIS. *Pensamento sistemático e conceito de sistema na ciência do direito*, p. 30-31, 35; CUNHA JÚNIOR, Dirley da. *Controle judicial das omissões do Poder Público*, p. 53; PIOVESAN. *Proteção judicial contra omissões legislativas*: ação direta de inconstitucionalidade por omissão e mandado de injunção, p. 27-28; PECES-BARBA. *Los valores superiores*, p. 94; BARROSO. *O controle de constitucionalidade no direito brasileiro*, p. 1; NEVES. *Teoria da inconstitucionalidade das leis*, p. 23; BOBBIO. *Teoria do ordenamento jurídico*, p. 21; BONAVIDES. *Curso de direito constitucional*, p. 93-100, especialmente p. 97. Em sentido diverso: "o sistema é o modo analítico de ordenar a realidade logicamente. Do exposto, o direito não é um sistema, mas uma realidade que pode ser analisada sistematicamente pela ciência jurídica, para facilitar seu conhecimento e aplicação" (DINIZ. *Norma constitucional e seus efeitos*, p. 20-21; DINIZ. *As lacunas no direito*, p. 23).

[5] José Afonso da Silva aponta que Constituição é a lei fundamental de um Estado, trazendo a organização de seus elementos essenciais, como a forma de governo, o modo de aquisição e exercício do poder, estabelecimento dos órgãos do Estado, limites à atuação e a previsão dos direitos fundamentais do homem e suas respectivas garantias (SILVA. *Curso de direito constitucional positivo*, p. 38). Ainda acerca do conceito de Constituição, ver: TAVARES. *Curso de direito constitucional*, p. 56-57; BASTOS. *Curso de direito constitucional*, p. 57-64; CLÈVE. *A fiscalização abstrata da constitucionalidade no direito brasileiro*, p. 23, 27; ÁLVAREZ CONDE. *Curso de derecho constitucional*, v. 2, p. 153; PIOVESAN. *Proteção judicial contra omissões legislativas*: ação direta de inconstitucionalidade por omissão e mandado de injunção, p. 22-24; HESSE. *A força normativa da Constituição*, p. 15; ARAUJO. *Curso de direito constitucional*, p. 1-3; FERREIRA FILHO. *Curso de direito constitucional*, p. 53-54; BONAVIDES. *Curso de direito constitucional*, p. 80-81.

[6] Vale, nesse ponto, trazer a lapidar lição de Otto Bachof, para quem "a questão dogmática da obrigatoriedade jurídica de um preceito não terá grande significado para a prática, se estiver subtraída ao conhecimento judicial" (BACHOF. *Normas constitucionais inconstitucionais?*, p. 18). Daí, a necessidade de que exista um mecanismo de controle da constitucionalidade das normas a fim de se preservar o sistema jurídico.

[7] Ver: BASTOS. *Curso de direito constitucional*, p. 625; ANDRADE FILHO. *Controle de constitucionalidade de leis e atos normativos*, p. 11; ARAÚJO. *Curso de direito constitucional*, p. 23-24; FERREIRA FILHO. *Curso de direito constitucional*, p. 34.

aspectos materiais da norma quanto para os formais,[8] o que será mais bem desenvolvido no item 2.3, *infra*.

Acerca da compatibilidade vertical, vale mencionar que Clèmerson Clève aduz que a fiscalização de constitucionalidade dos atos normativos demanda o preenchimento dos seguintes pressupostos: a) existência de uma Constituição formal;[9] b) compreensão de que esse texto é a lei fundamental do ordenamento; c) órgão competente para a realização desta fiscalização.[10]

A ideia de controle de constitucionalidade das normas é típica — mas não exclusiva[11] — dos Estados com Constituições rígidas,[12] quais sejam: aqueles cujas Constituições preveem um procedimento especial para sua alteração, mais custoso e mais complexo do que o da produção normativa infraconstitucional.[13]

Há que se destacar que a Constituição, no momento do controle da constitucionalidade das normas, desempenha o papel de parâmetro, isto é, de referencial para a devida fiscalização de compatibilidade de uma dada norma ao sistema jurídico.[14] Assim, para uma norma

---

[8] Nesse sentido, CLÈVE. *A fiscalização abstrata da constitucionalidade no direito brasileiro*, p. 35.

[9] É a lição de Clèmerson Clève, para quem a fiscalização de constitucionalidade exige mais do que uma Constituição, exige um documento escrito e formalizado, elaborada "de um só golpe" pelo poder constituinte construído pela razão e não através do tempo (CLÈVE. *A fiscalização abstrata da constitucionalidade no direito brasileiro*, p. 29).

[10] CLÈVE. *A fiscalização abstrata da constitucionalidade no direito brasileiro*, p. 28-29.

[11] Faz-se mister, nesse ponto, esclarecer que no direito anglo-saxão existe a supremacia da *Common Law*, lei fundamental resultante de um consenso, sobre a *statutory law*, oriunda da vontade do Parlamento. A esse respeito, por todos, ver: CAPPELLETTI. *O controle judicial de constitucionalidade das leis no direito comparado*, p. 57-63.

[12] A classificação das Constituições em rígidas e flexíveis foi feita por Lord Bryce, o qual entendia que a classificação tradicional das Constituições em escritas e não escritas não era satisfatória. Sobre o tema, ver: CLÈVE. *A fiscalização abstrata da constitucionalidade no direito brasileiro*, p. 30; POLETTI. *O controle da constitucionalidade das leis*, p. 2.

[13] Clèmerson Clève sustenta ser possível haver controle de constitucionalidade em Constituição flexível no caso de haver inconstitucionalidade formal (desatendimento do procedimento para a criação de norma ou da competência estabelecida para a produção da norma) (CLÈVE. *A fiscalização abstrata da constitucionalidade no direito brasileiro*, p. 31).

[14] Sobre o tema, ver: MARTINS; MENDES. *Controle concentrado de constitucionalidade*: comentários à Lei nº 9.686, de 10.11.1999, p. 11. O Supremo Tribunal Federal, a esse respeito, assim decidiu: "Ação direta de inconstitucionalidade. Parágrafos 1º e 2º do artigo 45 da Constituição Federal. A tese de que há hierarquia entre normas constitucionais originárias dando azo à declaração de inconstitucionalidade de umas em face de outras é incompatível com o sistema de Constituição rígida. Na atual Carta Magna 'compete ao Supremo Tribunal Federal, precipuamente, a guarda da Constituição' (artigo 102, 'caput'), o que implica dizer que essa jurisdição lhe é atribuída para impedir que se desrespeite à Constituição como um todo, e não para, com relação a ela, exercer o papel de fiscal do Poder Constituinte originário, a fim de verificar se este teria, ou não, violado os princípios de direito suprapositivo que ele próprio havia incluído no texto da mesma Constituição. Por outro lado, as cláusulas pétreas não podem ser invocadas para sustentação da tese da inconstitucionalidade de normas constitucionais inferiores em face de normas constitucionais superiores, porquanto

permanecer validamente no ordenamento jurídico, ela deve estar em consonância com o quanto estabelecido no texto constitucional.

Isso é decorrência do princípio da supremacia da Constituição, o qual reconhece à Constituição o papel de sintetizadora dos valores fundamentais.[15]

A permanência de normas[16] contrárias ao disposto no texto constitucional é incompatível com a noção de Estado de Direito, que é regido pela total submissão do Estado ao princípio da legalidade, em virtude do fato de ser criado e regulado pela Constituição.[17]

Com efeito, ensina André Ramos Tavares que a preservação do Estado Constitucional "manifesta-se, primariamente, na preservação de sua própria Constituição em sua supremacia".

Ainda sobre o tema, importa mencionar, ainda, a teoria de Hans Kelsen, para quem a ordem normativa poderia ser representada por uma estrutura escalonada, na qual as normas jurídicas deveriam estar organizadas conforme critério hierárquico, retirando seu fundamento de validade em norma imediatamente superior e, assim, sucessivamente, até atingir-se a norma hipotética fundamental, a *Grundnorm*, norma pressuposta que daria o fundamento de validade último ao ordenamento jurídico.[18]

---

a Constituição as prevê apenas como limites ao Poder Constituinte derivado ao rever ou ao emendar a Constituição elaborada pelo Poder Constituinte originário, e não como abarcando normas cuja observância se impôs ao próprio Poder Constituinte originário com relação as outras que não sejam consideradas como cláusulas pétreas, e, portanto, possam ser emendadas. Ação não conhecida por impossibilidade jurídica do pedido" (STF, Tribunal Pleno, ADI 815/DF, rel. Min. Moreira Alves, j. un. 28.03.1996, *DJ*, p. 15131, 10 maio 1996). Defendendo a parametricidade do direito suprapositivo, por todos, ver: CANOTILHO. *Direito constitucional e teoria da Constituição*, p. 910. É importante mencionar que, no Brasil, não se admite a invocação de direito suprapositivo ou direito natural como parâmetro para o controle de constitucionalidade (MARTINS; MENDES. *Controle concentrado de constitucionalidade*: comentários à Lei nº 9.686, de 10.11.1999, p. 12).

[15] Nesse sentido, ver: CLÈVE. *A fiscalização abstrata da constitucionalidade no direito brasileiro*, p. 34; ANDRADE FILHO. *Controle de constitucionalidade de leis e atos normativos*, p. 11; ÁLVAREZ CONDE. *Curso de derecho constitucional*, v. 1, p. 153; CAVERO LATAILLADE; ZAMORA RODRIGUES. *Introdución al derecho Constitucional*, p. 157.

[16] TAVARES. *Teoria da justiça constitucional*, p. 63.

[17] SUNDFELD. *Fundamentos de direito público*, p. 147-151; BANDEIRA DE MELLO. *Curso de direito administrativo*, p. 71-77; ANDRADE FILHO. *Controle de constitucionalidade de leis e atos normativos*, p. 12-13; CANOTILHO. *Direito constitucional e teoria da Constituição*, p. 879. No mesmo sentido, vale transcrever a conclusão de Edmar Oliveira Andrade Filho, para quem "quando o legislador age *ultra vires*, isto é, indo além de sua competência marcada na Constituição, viola com muito mais vigor o princípio da supremacia da Constituição, um dos pressupostos do Estado de Direito" (ANDRADE FILHO. *Controle de constitucionalidade de leis e atos normativos*, p. 17).

[18] Essa norma hipotética fundamental é pressuposta, não é reduzida à forma escrita, não integra efetivamente o ordenamento, mas coloca-se acima dele, no ápice da ordem jurídica.

CAPÍTULO 2
O CONTROLE DE CONSTITUCIONALIDADE | 23

Destaca-se, também, que Clèmerson Clève, não obstante elogie a construção desta teoria por Hans Kelsen, critica a premissa formalística por ele adotada. Para Clèmerson Clève, fundamentando-se em Jorge Miranda, a Constituição deve ser vista como a lei fundamental não apenas por trazer as diretrizes para a elaboração das demais normas jurídicas, mas por ter sua supremacia incorporada na consciência jurídica da civilização ocidental, conforme se depreenderia de uma análise histórica.[19]

Nesse diapasão, Jorge Miranda sustenta que a Constituição é a lei suprema em razão de sua função no ordenamento, pelo que se tem a Constituição como norma que traz os princípios fundamentais, os quais indicam suas diretrizes; seria, assim, o "Código Político" do Estado.[20]

O fato de atribuir-se, à Constituição, a característica de norma fundamental, justifica seu papel de "sistema de bloqueio à atuação estatal",[21] de parâmetro do controle das demais normas produzidas no ordenamento.

A este respeito, García de Enterría afirma que a Constituição é o parâmetro normativo superior, ao alcance do Poder Judiciário, decisório da validade das leis elaboradas pelo Poder Legislativo.[22]

Como será exposto no item 2.3, *infra*, não existe apenas um modelo de controle de constitucionalidade, mas, independentemente da forma utilizada para o controle, seu objetivo é sempre o mesmo: buscar a preservação da vontade do povo, titular do poder constituinte originário, externada na Constituição.

Vale mencionar, outrossim, que o controle de constitucionalidade pode se dar de modo *preventivo*, isto é, antes de a norma adentrar no ordenamento jurídico, ou *repressivo*, feito após o ingresso da norma no sistema normativo.[23]

Contudo, apesar de não haver uma indicação expressa de seu conteúdo, há um certo consenso de que tal norma teria a ideia de que se deve obedecer à Constituição, norma que determina a criação de todas as demais (KELSEN. *Teoria pura do direito*, especialmente, p. 215-217, 221-224).

[19] CLÈVE. *A fiscalização abstrata da constitucionalidade no direito brasileiro*, p. 25.

[20] BRITTO. *Teoria da Constituição*, p. 37.

[21] ANDRADE FILHO. *Controle de constitucionalidade de leis e atos normativos*, p. 15.

[22] Atribui-se ao direito norte-americano a criação do controle da constitucionalidade pelo Poder Judiciário em virtude do fato de que essa espécie de controle realizado de forma incidental se deu pela primeira vez nos Estados Unidos, por meio do caso Marbury vs. Madison, o qual será explorado de forma mais detalhada no item 2.2, *infra* (GARCÍA DE ENTERRÍA. *La Constitución como norma y el Tribunal Constitucional*, p. 53 *apud* CLÈVE. *A fiscalização abstrata da constitucionalidade no direito brasileiro*, p. 27).

[23] Sobre o tema, ver: CANOTILHO. *Direito constitucional e teoria da Constituição*, p. 893; BARROSO. *O controle de constitucionalidade no direito brasileiro*, p. 34-35; ARAUJO. *Curso de direito constitucional*, p. 24-25; FERREIRA FILHO. *Curso de direito constitucional*, p. 36.

Pelo exposto, tem-se que a Constituição é dotada de supremacia sobre as demais normas jurídicas, razão pela qual se pode sustentar que uma norma, em desacordo com o determinado pelo texto constitucional, deve ser afastada por meio do controle de constitucionalidade, seja pelo modo *difuso*, quando ocorre sua não aplicação, seja pelo *concentrado*, quando pode haver sua retirada do ordenamento jurídico,[24] tudo isso como forma de se "garantir" a Constituição.[25]

Flávia Piovesan, nesse sentido, assevera que a Constituição de 1988 demarca, no âmbito jurídico, o processo de democratização do Estado brasileiro, o que fica ainda mais evidente diante da consolidação legislativa de garantias e direitos fundamentais.[26] Confirma-se, assim, a importância da tutela dos direitos e garantias fundamentais, postos na Constituição, como condição de se preservar o Estado Democrático de Direito.

A seguir, abordar-se-á a origem do instituto do controle da constitucionalidade, indicando-se quais os principais modelos de controle existentes.

2.2 Origem do controle da constitucionalidade e modelos

No intuito de melhor compreender o tema atinente ao controle de constitucionalidade, vale, ainda, fazer um breve relato dos antecedentes históricos do controle para, então, dedicar atenção especial ao controle de constitucionalidade no Brasil.

Aponta-se como o *leading case* do controle de constitucionalidade exercido pelo Poder Judiciário, isto é, como caso precursor da atividade de controle da constitucionalidade de uma norma, o incidente criado pelo presidente da Suprema Corte dos Estados Unidos, John Marshall, em 1803, quando julgava o caso Marbury *vs*. Madison.[27]

---

[24] Esse tema será explorado de modo mais detalhado no item 2.2, *infra*.

[25] A ideia de o controle de constitucionalidade estar relacionado à garantia da Constituição é de Canotilho, que defende que "o Estado constitucional democrático ficaria incompleto e enfraquecido se não se assegurasse um *mínimo* de *garantias* e *sanções*" dentre as quais se inclui a defesa da Constituição (CANOTILHO. *Direito constitucional e teoria da Constituição*, p. 879-880). Flávia Piovesan, nesse sentido, assevera que a Constituição de 1988 demarca, no âmbito jurídico, o processo de democratização do Estado brasileiro, o que fica ainda mais evidente diante da consolidação legislativa de garantias e direitos fundamentais (PIOVESAN. *Direitos humanos e o direito constitucional internacional*, p. 51, 55). Confirma-se, assim, a importância da tutela dos direitos e garantias fundamentais postos na Constituição como condição de se preservar o Estado Democrático de Direito.

[26] PIOVESAN. *Direitos humanos e o direito constitucional internacional*, p. 51, 55. No mesmo sentido, STRECK. *Jurisdição constitucional e hermenêutica*: uma nova crítica do direito, p. 101; BARROSO. *O direito constitucional e a efetividade de suas normas*: limites e possibilidades da Constituição brasileira, p. 42-43.

[27] Em breves linhas, a situação ocorrida foi a seguinte: William Marbury, então Secretário de Estado do Presidente dos Estados Unidos, Adams, foi nomeado para Presidente da Suprema

Além do modelo americano, vale citar o modelo austríaco de controle de constitucionalidade, o qual, diferentemente do americano, buscou um órgão imparcial, com uma função política e não jurídica. Esse órgão seria o Tribunal Constitucional (*Verfassugsgerichtshoft*), com a atribuição de guarda da Constituição.[28] O controle seria feito mediante um requerimento especial (*Antrag*), de competência do Governo Federal ou Estadual, com o objetivo de ver-se anulada uma lei por inconstitucionalidade; nesse modelo de controle da constitucionalidade, fica dispensada a comprovação de ofensa a interesse particular ou situação subjetiva, como é exigido no modelo norte-americano.[29]

Enquanto o modelo americano propugna pelo controle incidental, isto é, no curso do processo, e *difuso*; o austríaco defende o modelo direto de controle da constitucionalidade, feito de modo *concentrado*.

Considerando que, no período da Revolução Francesa, havia uma grande desconfiança acerca da imparcialidade do Poder Judiciário, na França, diferentemente dos modelos judiciais de controle acima indicados, havia o controle político da constitucionalidade das normas.[30] Assim, em razão dessa ausência de credibilidade, fundamentando-se no princípio da separação dos poderes, sustentava-se que o controle de constitucionalidade das normas só poderia ser feito pelo poder com competência para editá-las, o Legislativo, o qual, decidindo pela constitucionalidade da norma, impunha ao Poder Judiciário essa decisão.

Corte dos Estados Unidos, mas não empossado durante o seu mandato. Ao assumir o cargo de Presidente, Jefferson determinou ao seu Secretário de Estado, James Madison, que não entregasse a nomeação de William Marbury. Inconformado, Marbury recorreu à Suprema Corte Americana, na qual o relator Marshall declarou o direito de Marbury a assumir o cargo, no mérito, mas deixou de conceder a ordem em razão da inconstitucionalidade da lei reguladora do *mandamus*, a qual contrariava norma de competência prevista na Constituição. Em sua decisão, sustentou que o Poder Judiciário poderia deixar de aplicar uma norma jurídica que reputasse inconstitucional, uma vez que o povo era o poder competente para elaborar a Constituição, estabelecendo, para seu futuro governo, os princípios que este deveria seguir. Destarte, a vontade originária do povo, indicada na Constituição, deveria sobrepor-se à de seus representantes, os quais, ao editar normas infraconstitucionais, deveriam pautar-se nas normas da Constituição. E, por essa razão, não poderia uma lei infraconstitucional — no caso, a que regulava o exercício do *mandamus* — ampliar a competência já definida na Constituição. A este respeito, por todos, ver: HAMILTON; JAY; MADISON. *O federalista*, p. 448-450, 481-486.

[28] Consoante aponta Ronaldo Poletti, essa proposta de se criar um *Jurie Constitutionnaire* já havia sido feita por Sieyés durante a Revolução Francesa, mas a Convenção rejeitou-a (POLETTI. *O Controle da constitucionalidade das leis*, p. 57).

[29] *Vide* KELSEN. *Quién debe ser el defensor de la Constitución?*, p. 23-25; MARTINS; MENDES. *Controle concentrado de constitucionalidade*: comentários à Lei nº 9.686, de 10.11.1999, p. 7-8.

[30] CAPPELLETTI. *O controle judicial de constitucionalidade das leis no direito comparado*, p. 27-29.

Assim, por esse modelo político de controle, ao juiz, na qualidade de aplicador das normas, só caberia agir *secundum legem*, sendo-lhe vedada a interpretação das normas.

Uma das críticas feitas ao controle político é a de que, nesta situação, não haveria como se garantir a eficácia ao controle das normas, uma vez que aquele que faria a verificação seria, ao mesmo tempo, controlador e controlado. Ademais, o Judiciário ficaria à mercê do Legislativo, o que poderia gerar, muitas vezes, injustiça nas suas decisões.[31]

Entretanto, cumpre destacar que, independentemente de qual o modelo adotado, tem-se que o seu objetivo é o mesmo: aferir se uma dada norma está em consonância com o quanto estabelecido no texto constitucional, tudo isso com o fim de se "garantir" a Constituição.[32]

Feitas estas considerações, faz-se necessário trazer à baila as espécies de inconstitucionalidade que, de acordo com a doutrina, podem existir, tema dedicado ao item 2.3, *infra*.

2.3 Espécies de inconstitucionalidade

Partindo-se do conceito de ser, o controle de constitucionalidade, de acordo com o exposto no item 2.1, *supra*, o meio pelo qual se afere a adequação de uma dada norma ao sistema posto pela Constituição, faz-se mister, nesse ponto, indicar, sucintamente, eis que não é o foco principal deste livro, quais são as possíveis espécies de inconstitucionalidade que a doutrina aponta.

Uma norma pode ser tida como inconstitucional, consoante já apontado no item 2.1, *supra*, ao violar o conteúdo da Constituição, ofendendo direitos ou garantias expressos no texto constitucional, caso no qual se dá a *inconstitucionalidade material*.[33]

---

[31] A esse respeito, ver: POLETTI. *O controle da constitucionalidade das leis*, p. 56; LOURENÇO. *Controle de constitucionalidade à luz da jurisprudência do STF*, p. 10.

[32] A ideia de o controle de constitucionalidade estar relacionado à garantia da Constituição é de Canotilho, que defende que "o Estado constitucional democrático ficaria incompleto e enfraquecido se não se assegurasse um *mínimo* de *garantias* e *sanções* dentre as quais se inclui a defesa da Constituição" (CANOTILHO. *Direito constitucional e teoria da Constituição*, p. 879-880). Flávia Piovesan, nesse sentido, assevera que a Constituição de 1988 demarca, no âmbito jurídico, o processo de democratização do Estado brasileiro, o que fica ainda mais evidente diante da consolidação legislativa de garantias e direitos fundamentais (PIOVESAN. *Direitos humanos e o direito constitucional internacional*, p. 51, 55). Confirma-se, assim, a importância da tutela dos direitos e garantias fundamentais postos na Constituição, como condição de se preservar o Estado Democrático de Direito.

[33] Sobre o tema, ver: TAVARES. *Curso de direito constitucional*, p. 171-175; BASTOS. *Curso de direito constitucional*, p. 653; CLÈVE. *A fiscalização abstrata da constitucionalidade no direito*

Quando a afronta se dá em relação ao procedimento constitucionalmente previsto para a elaboração da norma, tem-se um caso de *inconstitucionalidade formal*. Para verificação dessa espécie, analisam-se os aspectos extrínsecos da norma, ou seja, o preenchimento dos requisitos *subjetivos*, como a competência do órgão que editou a norma,[34] e os *objetivos*, como prazos ou ritos necessários.[35]

Nelson de Souza Sampaio traz uma subclassificação da inconstitucionalidade formal, apontando três espécies: a) orgânica — quando há ofensa à norma que determina a competência do órgão produtor da norma; b) temporal – que pode ocorrer quando da elaboração de uma norma em momento vedado pelo texto constitucional; e, c) formal em sentido estrito — quando se violam as formas prescritas na Constituição.[36]

Apresenta-se, ainda, a hipótese de haver inconstitucionalidade formal parcial, no caso de apenas um ou alguns dos dispositivos de uma dada norma estarem em desacordo com o que determina o procedimento a ser seguido. Nesse caso, não há vício de toda a norma, mas apenas da parte que não atendeu à forma prevista e exigível.

A inconstitucionalidade pode advir, ainda, de uma *ação* ou de uma *omissão*.[37] Deveras, quando se elabora uma norma em contrariedade com o texto constitucional, há incompatibilidade vertical e tem-se, nesse caso, a inconstitucionalidade por ação. Essa espécie de inconstitucionalidade, com base no conteúdo da norma, pode ser subclassificada em *totalmente* inconstitucional, por absoluta incompatibilidade com a Constituição, pelo que é inválida, ou como *parcialmente* inconstitucional, quando parte da norma analisada encontra guarida na Constituição e parte ofende o conteúdo da norma parâmetro, e, nessa parte, deve ser afastada.[38]

---

brasileiro, p. 42-48; BARROSO. *O controle de constitucionalidade no direito brasileiro*, p. 25-27; BONAVIDES. *Curso de direito constitucional*, p. 298-299.

[34] Luís Roberto Barroso denomina o vício pela inobservância da regra de competência para edição do ato de inconstitucionalidade *orgânica* e, no caso de vício no procedimento, de inconstitucionalidade *formal propriamente dita* (BARROSO. *O controle de inconstitucionalidade no direito brasileiro*, p. 25).

[35] Acerca dessa classificação, ver: TAVARES. *Curso de direito constitucional*, p. 170-171; BASTOS. *Curso de direito constitucional*, p. 653; CLÈVE. *A fiscalização abstrata da constitucionalidade no direito brasileiro*, p. 39-41; BARROSO. *O controle de constitucionalidade no direito brasileiro*, p. 28-30; BONAVIDES. *Curso de direito constitucional*, p. 297-298.

[36] SAMPAIO. *O processo legislativo*, p. 127.

[37] Sobre essa distinção, ver: TAVARES. *Curso de direito constitucional*, p. 171-175; BASTOS. *Curso de direito constitucional*, p. 653; KELSEN. *Quién debe ser el defensor de la Constitución?*, p. 3; SILVA. *Curso de direito constitucional positivo*, p. 47-49; BARROSO. *O controle de constitucionalidade no direito brasileiro*, p. 25-27; Nesse sentido, ver: PALU. *Controle dos atos de governos pela jurisdição*, p. 171-175; BONAVIDES. *Curso de direito constitucional*, p. 298-299.

[38] Sobre tal distinção, por todos, ver: CLÈVE. *A fiscalização abstrata da constitucionalidade no direito brasileiro*, p. 48-51.

O vício de inconstitucionalidade também pode ser oriundo de uma *omissão* daquele que tem o dever de elaborar uma norma ou executar uma dada medida prevista na Constituição. Isso porque o texto constitucional traz, em seu bojo, diversas normas cuja aplicabilidade depende da ação de um dado agente, seja ele do Poder Legislativo, Executivo ou Judiciário. A inércia do órgão competente para a elaboração de uma norma é vista como uma conduta inconstitucional, a qual, tal como ocorre em relação à inconstitucionalidade por ação, deve ser controlada e reprimida pelos órgãos competentes.[39]

Nessa espécie de inconstitucionalidade, assim como na inconstitucionalidade por ação, é possível verificar uma omissão *total*, quando não houve elaboração de qualquer instrumento normativo, contrariando completamente aquilo que a Constituição indicou, ou uma omissão *parcial*, a qual se verifica quando, apesar de se ter uma norma conferindo aplicabilidade à norma constitucional, ela não esgota todo o conteúdo dado pela Constituição, deixando uma dada categoria desatendida, o que representa violação ao princípio da isonomia.[40]

Há, ainda, quem classifique a inconstitucionalidade em *explícita* ou *direta*, quando contraria norma expressa da Constituição, e *implícita* ou *indireta*, quando ofende norma implícita, indo de encontro aos princípios e valores constitucionais.[41]

Por fim, vale mencionar a classificação de inconstitucionalidade das normas quanto ao momento no qual o fenômeno se dá, podendo ser inconstitucionalidade *originária*, resultante de elaboração de norma contrária à Constituição vigente, e inconstitucionalidade *superveniente*, que se daria com a elaboração de uma nova Constituição, isto é, a norma era constitucional no sistema anterior, mas não encontra amparo no novo sistema constitucional.[42]

---

[39] Esse tema é objeto de análise no capítulo 3, *infra*, em que se cuida do controle da omissão inconstitucional.

[40] A inconstitucionalidade por omissão parcial e seus efeitos serão analisados de forma mais cuidadosa no capítulo 6.

[41] A esse respeito, ver: TAVARES. *Curso de direito constitucional*, p. 190-195; CLÈVE. *A fiscalização abstrata da constitucionalidade no direito brasileiro*, p. 56-57; NEVES. *Teoria da inconstitucionalidade das leis*, p. 124. Acerca do papel dos valores na interpretação da Constituição, por todos, ver: BASTOS. *Hermenêutica constitucional*, p. 240-243.

[42] Registre-se que, no Brasil, o Supremo Tribunal Federal não tem aceitado a tese da inconstitucionalidade superveniente. No julgamento da ADIn nº 521, em questão de ordem, entendeu que ocorre o fenômeno da revogação e não o da inconstitucionalidade superveniente. É ler a ementa: "Constituição. Lei anterior que a contrarie. Revogação. Inconstitucionalidade superveniente. Impossibilidade. A lei ou é constitucional ou não é lei. Lei inconstitucional é uma contradição em si. A lei é constitucional quando fiel à Constituição; inconstitucional, na medida em que desrespeita, dispondo sobre o que lhe era vedado. O vício da inconstitucionalidade é congênito à lei e há de ser apurado em face da Constituição

CAPÍTULO 2
O CONTROLE DE CONSTITUCIONALIDADE | 29

Cumpre observar que, por fim, não há diferenças entre essas espécies em relação às consequências oriundas da inconstitucionalidade. Com efeito, uma norma inconstitucional, como regra, deve ser afastada do sistema por incompatibilidade com o sistema normativo por não encontrar seu fundamento de validade na norma parâmetro, a Constituição. Com efeito, a regra geral é a da nulidade da norma declarada inconstitucional *ex tunc*.

Destaque-se, a este respeito, que, em sede de controle concentrado, o Supremo Tribunal Federal tem reconhecido a inconstitucionalidade retroativa dos preceitos contrários à ordem constitucional.

É ler a decisão proferida por este Tribunal:

> Agravo regimental em recurso extraordinário. IPTU. Alíquota progressiva. TIP e TCLLP. Município do Rio de Janeiro. Declaração de inconstitucionalidade com eficácia prospectiva [ex nunc] em sede de controle difuso. Não configuração dos requisitos previstos no artigo 27 da lei n. 9.868/99. 1. A possibilidade de se atribuir efeitos prospectivos à declaração de inconstitucionalidade, dado o seu caráter excepcional, somente tem cabimento quando o tribunal manifesta-se expressamente sobre o tema, observando-se a exigência de quorum qualificado previsto em lei específica. 2. Em diversas oportunidades, anteriormente ao advento da Emenda Constitucional n. 29/00, o Tribunal, inclusive em sua composição plenária, declarou a inconstitucionalidade de textos normativos editados por diversos municípios em que se previa a cobrança do IPTU com base em alíquotas progressivas. Em nenhuma delas, entretanto, reconheceu-se a existência das razões de segurança

---

vigente ao tempo de sua elaboração. Lei anterior não pode ser inconstitucional em relação à Constituição superveniente; nem o legislador poderia infringir Constituição futura. A Constituição sobrevinda não torna inconstitucionais leis anteriores com ela conflitantes: revoga-as. Pelo fato de ser superior, a Constituição não deixa de produzir efeitos revogatórios. Seria ilógico que a lei fundamental, por ser suprema, não revogasse, ao ser promulgada, leis ordinárias. A lei maior valeria menos que a lei ordinária. Reafirmação da antiga jurisprudência do STF, mais que cinqüentenária. Ação direta de que se não conhece por impossibilidade jurídica do pedido, nos termos do voto proferido na ADIn nº 2-1/600" (STF, Tribunal Pleno, ADIn nº 521 QO/MT, rel. Min. Paulo Brossard, j. un. 07.02.1992, *DJ*, p. 5375, 24 abr.1992). A doutrina portuguesa, contudo, sustenta ser viável a tese da inconstitucionalidade superveniente sob o fundamento de que a declaração de inconstitucional da norma não seria inútil, pelo contrário, seria importante no papel da classificação jurídica, com a determinação das normas vigentes pela Corte Constitucional. Sobre o tema, ver: TAVARES. *Curso de direito constitucional*, p. 190; CLÈVE. *A fiscalização abstrata da constitucionalidade no direito brasileiro*, p. 54-55; CANOTILHO. *Direito constitucional e teoria da Constituição*, p. 1288-1289; MIRANDA. *Teoria do Estado e da Constituição*, p. 488; BARROSO. *O controle de constitucionalidade no direito brasileiro*, p. 137. Ressalte-se que no instituto da Arguição por Descumprimento de Preceito Fundamental, consoante será exposto a seguir, na nota de rodapé 62, existe a possibilidade de questionamento da constitucionalidade de ato anterior à Constituição de 1988.

jurídica, boa-fé e excepcional interesse social ora invocadas pelo agravante para atribuir eficácia prospectiva àquelas decisões. Pelo contrário, a jurisprudência da corte é firme em reconhecer a inconstitucionalidade retroativa dos preceitos atacados, impondo-se, conseqüentemente, a repetição dos valores pagos indevidamente. Agravo regimental a que se nega provimento. (STF, 1ª Turma, AgR no RE 372.452/RJ, rel. Min. Eros Grau, j. 31.05.2005, *DJ* 24.06.2005)

Importa frisar que, excepcionalmente, o Supremo Tribunal Federal tem admitido, com base no princípio da segurança jurídica e no disposto no artigo 27 da Lei nº 9.868/99,[43] a possibilidade da declaração da inconstitucionalidade com efeitos *ex nunc*, isto é, desde sua declaração, permanecendo válidas as relações estabelecidas na vigência da norma, ainda que declaradamente inconstitucional. É ler a decisão do Supremo Tribunal Federal:

Recurso extraordinário. Municípios. Câmara de Vereadores. Composição. Autonomia municipal. Limites constitucionais. Número de vereadores proporcional à população. CF, artigo 29, IV. Aplicação de critério aritmético rígido. Invocação dos princípios da isonomia e da razoabilidade. Incompatibilidade entre a população e o número de vereadores. Inconstitucionalidade, incidenter tantum, da norma municipal. Efeitos para o futuro. Situação excepcional. 1. O artigo 29, inciso IV, da Constituição Federal exige que o número de Vereadores seja proporcional à população dos Municípios, observados os limites mínimos e máximos fixados pelas alíneas a, b e c. 2. Deixar a critério do legislador municipal o estabelecimento da composição das Câmaras Municipais, com observância apenas dos limites máximos e mínimos do preceito (CF, artigo 29), é tornar sem sentido a previsão constitucional expressa da proporcionalidade. 3. Situação real e contemporânea em que Municípios menos populosos têm mais Vereadores do que outros com um número de habitantes várias vezes maior. A ausência de um parâmetro matemático rígido que delimite a ação dos legislativos Municipais implica evidente afronta ao postulado da isonomia. 4. Princípio da razoabilidade. Restrição legislativa. A aprovação de norma municipal que estabelece a composição da Câmara de Vereadores sem observância da relação cogente de proporção com a respectiva população configura excesso do poder de legislar, não encontrando eco no sistema constitucional vigente. 5. Parâmetro aritmético que atende ao

---

[43] Lei nº 9.868/99, art. 27: "Ao declarar a inconstitucionalidade de lei ou ato normativo, e tendo em vista razões de segurança jurídica ou de excepcional interesse social, poderá o Supremo Tribunal Federal, por maioria de dois terços de seus membros, restringir os efeitos daquela declaração ou decidir que ela só tenha eficácia a partir de seu trânsito em julgado ou de outro momento que venha a ser fixado".

comando expresso na Constituição Federal, sem que a proporcionalidade reclamada traduza qualquer lesão aos demais princípios constitucionais nem resulte formas estranhas e distantes da realidade dos Municípios brasileiros. Atendimento aos postulados da moralidade, impessoalidade e economicidade dos atos administrativos (CF, artigo 37). 6. Fronteiras da autonomia municipal impostas pela própria Carta da República, que admite a proporcionalidade da representação política em face do número de habitantes. Orientação que se confirma e se reitera segundo o modelo de composição da Câmara dos Deputados e das Assembléias Legislativas (CF, artigos 27 e 45, §1º). Inconstitucionalidade. 7. *Efeitos. Princípio da segurança jurídica. Situação excepcional em que a declaração de nulidade, com seus normais efeitos ex tunc, resultaria em grave ameaça a todo o sistema legislativo vigente. Prevalência do interesse público para assegurar, em caráter de exceção, efeitos pro futuro à declaração incidental de inconstitucionalidade.* Recurso extraordinário não conhecido. (STF, Tribunal Pleno, RE 266.994/ SP, rel. Min. Maurício Corrêa, j. 31.03.2004, *DJ* 21.05.2004, p. 34)

Nota-se, do exposto, que é conferido ao Supremo Tribunal Federal a legitimidade para, com fundamento nas razões de segurança jurídica ou de excepcional interesse social, restringir os efeitos da declaração de inconstitucionalidade ou decidir que ela só tenha eficácia a partir de seu trânsito em julgado ou de outro momento que venha a ser fixado.

2.4 O controle de constitucionalidade no Brasil

Com o intuito de melhor sistematizar o tema, atinente ao controle da constitucionalidade brasileiro, vale uma sinopse do tratamento dispensado ao controle de constitucionalidade, nos textos constitucionais que vigeram no Brasil ao longo da história.[44]

Na Carta Imperial de 1824, bastante influenciada pela doutrina francesa, não havia previsão de um sistema de controle de constitucionalidade nos moldes atualmente previstos no ordenamento do Brasil. O controle de constitucionalidade das normas era feito pelo próprio Poder Legislativo, que tinha a competência para "fazer leis, interpretá-las, suspendê-las e revogá-las", tudo isso com o fulcro de velar pela Constituição, nos termos do artigo 15, VIII e IX do texto constitucional.[45]

---

[44] É mister destacar que essa passagem não busca esgotar este riquíssimo assunto, mas tão somente trazer um panorama do tratamento constitucional para que seja possível uma melhor compreensão do objeto desta obra: apresentar solução para o problema da omissão inconstitucional por meio de um uso otimizado do mandado de injunção.

[45] "Art. 15. É da atribuição da Assembléa Geral: VIII. Fazer Leis, interpretal-as, suspendel-as, e rovogal-as. IX.Velar na guarda da Constituição, e promover o bem geral do Nação" [*sic*].

Nessa época, a preocupação com a independência dos poderes era levada às últimas consequências, donde se explica a preocupação em manter nas mãos do Poder Legislativo, responsável pela edição das normas, a aferição da constitucionalidade e a consequente suspensão ou revogação da norma, tal como na França, conforme exposto no item 2.2, *supra*.

A Constituição Republicana de 1891, sob influxo da doutrina norte-americana, trouxe em seu texto o controle difuso de constitucionalidade. É importante ressaltar que já havia previsão deste modelo de controle na Constituição Provisória de 1890, o qual, em seu artigo 58, §1º, "a" e "b", regulamentada pelo Decreto nº 848, de 11 de outubro de 1890 que, em seu artigo 3º, conferia competência à magistratura federal para aferir a constitucionalidade de uma norma, incidentalmente, mediante provocação da parte.[46]

Destaque-se que, em seu artigo 59, §1º, "a" e "b",[47] a Constituição acima mencionada atribuiu ao Supremo Tribunal Federal a competência para rever as sentenças proferidas pelos Tribunais de Justiça dos Estados, quando fosse questionada a validade ou aplicação de tratados e leis federais, fosse por decisão que afastasse a sua incidência, fosse por aplicação de tratados ou leis cuja validade havia sido impugnada.[48]

Na Constituição de 1934, no artigo 76, III, "b" e "c",[49] manteve-se o controle de constitucionalidade já delineado na Constituição de 1891,

---

[46] Sobre o tema, MARTINS; MENDES. *Controle concentrado de constitucionalidade*: comentários à Lei nº 9.686, de 10.11.1999, p. 21; LOUREIRO JÚNIOR. *O controle da constitucionalidade das leis*, p. 116-118.

[47] "Art 59. §1º – Das sentenças das Justiças dos Estados, em última instância, haverá recurso para o Supremo Tribunal Federal: a) quando se questionar sobre a validade, ou a aplicação de tratados e leis federais, e a decisão do Tribunal do Estado for contra ela; b) quando se contestar a validade de leis ou de atos dos Governos dos Estados em face da Constituição, ou das leis federais, e a decisão do Tribunal do Estado considerar válidos esses atos, ou essas leis impugnadas".

[48] Ives Gandra da Silva Martins e Gilmar Ferreira Mendes apontam que a doutrina defendia que esse controle da constitucionalidade das normas poderia ser feito não apenas pelo Supremo Tribunal Federal, mas poderia ser feito também pelos juízes e tribunais, fundamentando-se no disposto no artigo 60, "a", que determinava que os juízes e tribunais tinham competência para processar e julgar as causas fundadas em disposição da Constituição Federal. Diante de tal atribuição, conclui-se que no Brasil havia a consolidação do amplo sistema de controle difuso de constitucionalidade (MARTINS; MENDES. *Controle concentrado de constitucionalidade*: comentários à Lei nº 9.686, de 10.11.1999, p. 21-23).

[49] "Art 76. A Corte Suprema compete: III – em recurso extraordinário, as causas decididas pelas Justiças locais em única ou última instância: b) quando se questionar sobre a vigência ou validade de lei federal em face da Constituição, e a decisão do Tribunal local negar aplicação à lei impugnada; c) quando se contestar a validade de lei ou ato dos Governos locais em face da Constituição, ou de lei federal, e a decisão do Tribunal local julgar válido o ato ou a lei impugnada".

mas acrescentou-se a declaração de inconstitucionalidade, sendo certo que, nos termos do artigo 179,[50] esta dependeria da maioria da totalidade dos membros dos tribunais, evitando-se, com isso, a insegurança jurídica que poderia surgir da variação de entendimento entre os tribunais.

Uma inovação bastante importante merece destaque: a outorga, ao Senado Federal, da competência para suspender, total ou parcialmente, a execução de ato jurídico declarado inconstitucional. Assim, nos termos do artigo 91, IV, e 96,[51] com a manifestação do Senado Federal, conferia-se, à decisão de inconstitucionalidade proferida pelo Supremo Tribunal Federal, efeito geral, oponível *erga omnes*,[52] desobrigando o cumprimento da norma.

Ives Gandra da Silva Martins e Gilmar Ferreira Mendes destacam mais uma inovação, sustentando que "a mais fecunda e inovadora alteração introduzida" foi a criação da representação interventiva, de competência do Procurador-Geral da República, cabível no caso de ofensa aos princípios consagrados no artigo 7º, I, "a" a "h"[53] da Constituição. Por esse expediente, buscava-se dirimir conflitos federativos, que condicionavam a eficácia da lei interventiva, de iniciativa do Senado Federal, à declaração de constitucionalidade pelo Supremo Tribunal Federal.[54]

Importa ressaltar que o controle de constitucionalidade é um expediente típico dos regimes democráticos, pois busca proteger, de violação, a obra do povo: o texto constitucional. Assim, não é de se causar maior espanto afirmar que a Carta de 1937, outorgada no período ditatorial, foi responsável por um grande retrocesso no tangente ao controle de constitucionalidade.

---

[50] *In verbis*: "Art 179. Só por maioria absoluta de votos da totalidade dos seus Juízes, poderão os Tribunais declarar a inconstitucionalidade de lei ou ato do Poder Público".

[51] "Art 91. Compete ao Senado Federal: IV. suspender a execução, no todo ou em parte, de qualquer lei ou ato, deliberação ou regulamento, quando hajam sido declarados inconstitucionais pelo Poder Judiciário" e "Art 96 – Quando a Corte Suprema declarar inconstitucional qualquer dispositivo de lei ou ato governamental, o Procurador Geral da República comunicará a decisão ao Senado Federal para os fins do art. 91, nº IV, e bem assim à autoridade legislativa ou executiva, de que tenha emanado a lei ou o ato".

[52] Vale lembrar que, diferentemente do que ocorre nos Estados Unidos, onde vigora o sistema dos precedentes, a decisão que declara uma norma inconstitucional não tem aptidão de vincular os demais órgãos do Poder Judiciário. Assim, essa regra permitiu que fossem evitadas as demandas repetidas, baseadas em normas tidas como inconstitucionais.

[53] "Art 12. A União não intervirá em negócios peculiares aos Estados, salvo: V. para assegurar a observância dos princípios constitucionais especificados nas letras *a* a *h* , do art. 7º, nº I, e a execução das leis federais; §2º. Ocorrendo o primeiro caso do nº V, a intervenção só se efetuará depois que a Corte Suprema, mediante provocação do Procurador-Geral da República, tomar conhecimento da lei que a tenha decretado e lhe declarar a constitucionalidade".

[54] MARTINS; MENDES. *Controle concentrado de constitucionalidade*: comentários à Lei nº 9.686, de 10.11.1999, p. 24. É mister destacar que esse controle era jurídico, não político, pois o art. 68 da Constituição vedava, ao Poder Judiciário, o conhecimento das questões exclusivamente políticas. Sobre o tema, ver, ainda: LOUREIRO JÚNIOR. *O controle da constitucionalidade das leis*, p. 118-124.

Afirma-se ter havido esse retrocedimento uma vez que, não obstante se tenha mantido o controle difuso de constitucionalidade, havia, no parágrafo único do artigo 96, a previsão da possibilidade de nova submissão, ao Parlamento, de norma então declarada inconstitucional. Com efeito, de acordo com o dispositivo mencionado, a critério do Presidente da República, caso fosse necessário ao bem-estar do povo, à promoção ou defesa do interesse nacional de alta monta, a questão relativa à inconstitucionalidade poderia ser submetida, pelo chefe do Executivo, ao Parlamento,[55] sendo que, no caso de haver sua confirmação, pela aprovação por dois terços de votos de cada uma das Câmaras, a decisão do Tribunal tornar-se-ia insubsistente.[56]

Na Carta de 1946, houve maior avanço nessa seara, pois, além do retorno à tradição do controle judicial de constitucionalidade, da manutenção da atribuição ao Senado Federal de suspender a execução de norma declarada inconstitucional, foram criados novos instrumentos de controle: a ação direta interventiva[57] e a representação por inconstitucionalidade.[58]

No tangente à Carta de 1967 e à Emenda Constitucional nº 1/69, é lícito afirmar que estes textos não trouxeram novidades no campo do controle de constitucionalidade das normas, mantendo-se o controle difuso e a ação direta de constitucionalidade nos termos do texto anterior.

---

[55] MARTINS; MENDES. *Controle concentrado de constitucionalidade*: comentários à Lei nº 9.686, de 10.11.1999, p. 26-27. A esse respeito, LOUREIRO JÚNIOR. *O controle da constitucionalidade das leis*, p. 124-127.

[56] *In verbis*: "Art 96 – Só por maioria absoluta de votos da totalidade dos seus Juízes poderão os Tribunais declarar a inconstitucionalidade de lei ou de ato do Presidente da República. Parágrafo único – No caso de ser declarada a inconstitucionalidade de uma lei que, a juízo do Presidente da República, seja necessária ao bem-estar do povo, à promoção ou defesa de interesse nacional de alta monta, poderá o Presidente da República submetê-la novamente ao exame do Parlamento: se este a confirmar por dois terços de votos em cada uma das Câmaras, ficará sem efeito a decisão do Tribunal".

[57] Instrumento semelhante à ação direta de inconstitucionalidade prevista no texto de 1934, a representação de inconstitucionalidade prevista no artigo 8º, parágrafo único c/c com o disposto no artigo 7º, VII, era uma medida de competência do Procurador-Geral da República, para efeitos de intervenção federal, cabível nos casos de violação aos seguintes princípios: a) forma republicana representativa; b) independência e harmonia entre os poderes; c) temporariedade das funções eletivas, limitada a duração destas à das funções federais correspondentes; d) proibição de reeleição de governadores e prefeitos para o período imediato; e) autonomia municipal; f) prestação de contas da administração; g) garantias do Poder Judiciário. Assim, a intervenção federal estaria subordinada à declaração de inconstitucionalidade pelo Supremo Tribunal Federal. Sobre o tema, ver: MARTINS; MENDES. *Controle concentrado de constitucionalidade*: comentários à Lei nº 9.686, de 10.11.1999, p. 33-40; LOUREIRO JÚNIOR. *O controle da constitucionalidade das leis*, p. 129.

[58] A representação contra inconstitucionalidade, introduzida no texto constitucional por meio da Emenda Constitucional nº 16, de 16 de novembro de 1965, era o meio hábil para realizar o controle abstrato de normas estaduais e federais. A esse respeito, ver: MARTINS; MENDES. *Controle concentrado de constitucionalidade*: comentários à Lei nº 9.686, de 10.11.1999, p. 40-43; LOUREIRO JÚNIOR. *O controle da constitucionalidade das leis*, p. 127-128.

A ressalva é a de que o controle abstrato ficou bastante prejudicado, uma vez que a legitimidade era exclusiva do Procurador-Geral da República, cargo comissionado, permitindo a livre nomeação e exoneração pelo Presidente da República, inibindo a independência do agente para exercer seu *munus*.[59]

A Constituição de 1988, a seu turno, trouxe avanços significativos no que tange ao controle de constitucionalidade, resultantes do processo de implementação da participação do cidadão.

Dentre esses avanços, vale destacar, o rol de legitimados para promover a fiscalização abstrata das normas foi ampliado. Deveras, o que antes cabia exclusivamente ao Procurador-Geral da República, com as implicações desta competência exclusiva, acima indicadas, no texto constitucional de 1988, acrescida da alteração oriunda da Emenda Constitucional nº 45/04, passou a ser, também, atribuição do Presidente da República, da Mesa do Senado Federal, da Mesa da Câmara dos Deputados, da Mesa de Assembleia Legislativa ou da Câmara Legislativa do Distrito Federal, do Governador de Estado ou do Distrito Federal, do Conselho Federal da Ordem dos Advogados do Brasil, de partido político com representação no Congresso Nacional e das confederações sindicais e entidades de classe de âmbito nacional, nos termos do que dispõe o artigo 103 da Constituição.

Com essa ampliação dos legitimados para a propositura da ação direta de inconstitucionalidade, reforçou-se o controle abstrato de normas no ordenamento jurídico brasileiro, assim como ressaltou o papel de guardião da Constituição do Supremo Tribunal Federal, ao se permitir que as controvérsias constitucionais fossem submetidas à sua apreciação pelo controle abstrato. Houve, consequentemente, ainda que de forma involuntária, uma diminuição do controle difuso

---

[59] É importante destacar que a Lei nº 4.337/64 trazia a possibilidade de representação ao Procurador-Geral da República para que este, no uso de suas atribuições constitucionais, arguisse a inconstitucionalidade de uma norma perante o STF. Instaurou-se uma discussão a ona doutrina acerca de qual poderia ser a conduta do Procurador-Geral da República após o recebimento da representação. Parte da doutrina defendia que seria possível deixar de submeter ao STF a questão, discricionariamente, por se tratar de competência exclusiva; outra corrente afirmava que não seria possível negar a propositura da medida em que a representação fosse oriunda de órgão público, quando o interesse público seria evidente. Para mais detalhes a esse respeito, por todos, ver: MARTINS; MENDES. *Controle concentrado de constitucionalidade:* comentários à Lei nº 9.686, de 10.11.1999, p. 51-52.

de constitucionalidade, pelo fato de as questões constitucionais passarem a ser veiculadas pela ação direta de inconstitucionalidade.[60][61]

Acrescenta-se, ainda, aos avanços no tema atinente ao controle da constitucionalidade, a previsão da ação declaratória de constitucionalidade, introduzida no texto constitucional pela Emenda Constitucional nº 3/93, cujo objetivo é o de ver confirmada a compatibilidade de uma dada norma com a Constituição.[62]

---

[60] Com essa pulverização de sujeitos o sistema brasileiro avançou para o [controle de constitucionalidade típico] da jurisdição concentrada (POLETTI. *Controle da constitucionalidade das leis*, p. 92-93). Outra não é a conclusão de Ives Gandra da Silva Martins e Gilmar Ferreira Mendes (*Controle concentrado de constitucionalidade*: comentários à Lei nº 9.686, de 10.11.1999, p. 63-64).

[61] Há que se destacar a restrição de acesso ao Supremo Tribunal Federal representada pela inovação trazida pela Emenda Constitucional nº 45/04, que incluiu um novo parágrafo ao artigo 102 da Constituição, de seguinte redação: "Art. 102 (...) §3º No recurso extraordinário *o recorrente deverá demonstrar a repercussão geral das questões constitucionais discutidas no caso, nos termos da lei*, a fim de que o Tribunal examine a admissão do recurso, somente podendo recusá-lo pela manifestação de dois terços de seus membros" (grifos da transcrição).

[62] A doutrina produziu muitos comentários a essa inovação no âmbito do controle da constitucionalidade das normas, tanto no sentido de explicar o objetivo de tal ação, como no sentido de tecer críticas ao *novel* instrumento, sob o argumento de que seria dispensável criar uma ação com o fito de ver declarada constitucional uma norma já acobertada pelo manto da presunção de constitucionalidade, além de imputar inconstitucionalidade da emenda que instituiu a ação declaratória, pois essa violaria cláusulas pétreas como a ampla defesa e o contraditório, assim como o princípio da separação dos poderes. O Supremo Tribunal Federal, contudo, quando analisou o pedido liminar contido na ADC nº 1, decidiu, em questão de ordem, que a ação declaratória de constitucionalidade é constitucional e tem por escopo conferir certeza e segurança jurídica, combatendo, assim, o estado de incerteza preventivamente, o que seria benéfico ao sistema jurídico. Como requisito para a propositura dessa ação, o Supremo Tribunal Federal estabeleceu que deveria ser comprovada a existência objetiva de controvérsia relevante quanto à constitucionalidade da norma, exigência também posta no artigo 14 da Lei nº 9.868/99 que cuida do procedimento aplicável à ação declaratória de constitucionalidade. Para maior detalhamento, ver o inteiro teor desse julgado publicado no *DJ*, 16 jun. 1995, nas fls. 18212 ou na página eletrônica do Supremo Tribunal Federal: <www.stf.gov.br>. Superado esse debate, vale mencionar que as decisões proferidas nessa espécie de ação, assim como naquelas proferidas em sede de ação direta de inconstitucionalidade, produzirão eficácia contra todos e efeito vinculante, relativamente aos demais órgãos do Poder Judiciário e à administração pública direta e indireta, nas esferas federal, estadual e municipal, nos exatos termos do §2º do artigo 102 do texto constitucional, cuja redação foi dada pela Emenda Constitucional nº 45/04. São legitimados para propor a ação declaratória de constitucionalidade, nos termos postos pelo §4º do artigo 103 da Constituição: o Presidente da República, a Mesa do Senado Federal, a Mesa da Câmara dos Deputados ou o Procurador-Geral da República. Sobre o tema, ver: TAVARES. *Curso de direito constitucional*, p. 272-283; BASTOS. *Curso de direito constitucional*, p. 656-666; MARTINS; MENDES. *Controle concentrado de constitucionalidade*: comentários à Lei nº 9.686, de 10.11.1999, p. 217-272; BARROSO. *O controle de constitucionalidade no direito brasileiro*, p. 174-192; ARAUJO; NUNES JÚNIOR. *Curso de direito constitucional*, p. 39-40; FERREIRA FILHO. *Curso de direito constitucional*, p. 42; FIGUEIREDO. *Ação declaratória de constitucionalidade*: inovação infeliz e inconstitucional, p. 155-182; FERREIRA. *Controle de constitucionalidade e seus efeitos*, p. 128-130; DINIZ. *Controle da inconstitucionalidade por omissão*, p. 45-47.

Outro instrumento a merecer destaque é o previsto no §1º do artigo 102 da Constituição, determinando que a competência para a apreciação da arguição de descumprimento de preceito fundamental, decorrente desta Constituição, é do Supremo Tribunal Federal, deixando à lei o papel de detalhar o alcance desse instrumento.[63] Assim, houve a criação de medida judicial com o objetivo de evitar ou reparar lesão a preceitos fundamentais oriundos de ato do Poder Público: a arguição de descumprimento de preceito fundamental, conhecida por ADPF.[64]

Por fim, deve ser ressaltado que, a partir da Constituição de 1988, passou-se a controlar a inconstitucionalidade por omissão, objeto de

---

[63] O dispositivo constitucional supramencionado não determinou quais são os *preceitos fundamentais*, deixando essa tarefa a cargo do Supremo Tribunal Federal. De acordo com André Ramos Tavares, fica clara a opção do constituinte de impedir que o legislador infraconstitucional delimite quais são os preceitos fundamentais. Acrescente-se a isso o fato de que, de acordo com o disposto no texto constitucional, os preceitos tidos como fundamentais são aqueles "decorrentes da Constituição", não de lei infraconstitucional. A Lei nº 9.882/99, que versa sobre o processo e julgamento da arguição de descumprimento de preceito fundamental, respeitando a vontade do Constituinte, não buscou conceituar e nem apontar os princípios que devem ser vistos como fundamentais. A fim de melhor ilustrar essa competência exclusiva do Supremo Tribunal Federal, vale mencionar que o Ministro Néri da Silveira, reproduzindo o conceito de preceito fundamental elaborado pelo Ministro Oscar Dias Corrêa, membro da Comissão elaboradora do anteprojeto de que resultou na Lei nº 9.882/99, no voto que proferiu na Arguição de Descumprimento de Preceito Fundamental (ADPF) n. 01, aduziu: "Cabe *exclusiva e soberanamente ao STF* conceituar *o que é descumprimento de preceito fundamental decorrente da Constituição*, porque promulgado o texto constitucional é ele o *único, soberano e definitivo intérprete*, fixando quais são os preceitos fundamentais, obediente a um único parâmetro a ordem jurídica nacional, no sentido mais amplo. Está na sua discrição indicá-los. (...) Parece-nos, porém, que, desde logo, podem ser indicados, porque, pelo próprio texto, não objeto de emenda, deliberação e, menos ainda, abolição: a forma federativa do Estado, o voto direto, secreto, universal e periódico; a separação dos poderes, os direitos e garantias individuais. Desta forma, tudo o que diga respeito a essas questões vitais para o regime pode ser tido como preceitos fundamentais. Além disso, admita-se: os princípios do Estado democrático, vale dizer, soberania, cidadania, dignidade da pessoa humana, valores sociais do trabalho, livre iniciativa, pluralismo político; os direitos fundamentais individuais e coletivos; os direitos sociais; os direitos políticos, a prevalência das normas relativas à organização político administrativa;..." (grifos da transcrição). Vale mencionar, por meio da arguição de descumprimento de preceito fundamental é possível questionar ato anterior à Constituição de 1988, o que é vedado, de acordo com o entendimento do Supremo Tribunal Federal, em sede de ação direta de inconstitucionalidade, conforme indicado na nota 43, *supra*.

[64] Sobre o tema, ver: MORAES. *Comentários à lei nº 9.882/99*: arguição de descumprimento de preceito fundamental, p. 17; TAVARES. *Tratado de argüição de preceito fundamental, passim*; TAVARES. *Curso de direito constitucional*, p. 252-260; TAVARES. *Argüição de descumprimento de preceito fundamental*, p. 54; BASTOS. *Curso de direito constitucional*, p. 666-670; MARTINS; MENDES. *Controle concentrado de constitucionalidade*: comentários à Lei nº 9.686, de 10.11.1999, p. 217-272; DANTAS, Ivo. *Constituição e processo*: introdução ao direito processual constitucional, v. 1, p. 419-457; STRECK. *Jurisdição constitucional e hermenêutica*: uma nova crítica do direito, p. 797-834; BARROSO. *O controle de constitucionalidade no direito brasileiro*, p. 215-248; FERREIRA FILHO. *Curso de direito constitucional*, p. 41; FERREIRA. *Controle de constitucionalidade e seus efeitos*, p. 130-132; DINIZ. *Controle da inconstitucionalidade por omissão*, p. 47-48.

análise no capítulo 3, *infra*, tanto por meio da ação direta de inconstitucionalidade por omissão, quanto pelo mandado de injunção.

Tem-se, assim, que a Constituição de 1988 ampliou de forma significativa os mecanismos de controle da constitucionalidade das normas jurídicas, maximizando o acesso à justiça, sobretudo à justiça constitucional.[65] Esse avanço confirma a grandiosidade do princípio da supremacia da Constituição, o qual deve ser considerado no contexto de consagração de direitos fundamentais em que o ordenamento jurídico brasileiro está inserido, tema ao qual se dedica o item 3.1 do capítulo 3, *infra*.

---

[65] A esse respeito, ver: STRECK. *Jurisdição constitucional e hermenêutica*: uma nova crítica do direito, p. 840.

CAPÍTULO 3

O CONTROLE CONSTITUCIONAL DA OMISSÃO

3.1 Considerações iniciais

Consoante o abordado no item 2.1, *supra*, a Constituição ocupa o ápice do sistema jurídico, sendo fonte primária de toda a produção normativa, estabelecendo as diretrizes do Estado, direitos e garantias individuais. É exatamente em virtude desse importante papel, que a Constituição ocupa no ordenamento, que seu texto não deve ser fechado, sob o risco de perder sua força normativa.[66]

Com efeito, a Constituição é feita para reger o destino de um país por tempo indefinido, superando incertezas e crises futuras; por tal

---

[66] Nesse sentido, vale trazer à baila a lição de Konrad Hesse, para quem essa abertura constitucional é consciente. Ele defende que, para o texto constitucional ter força normativa, "afigura-se igualmente indispensável que a Constituição mostre-se em condições de adaptar-se a eventual mudança dessas condicionantes. Abstraídas as disposições de índole técnico-organizatórias, ela deve limitar-se, se possível, ao estabelecimento de alguns poucos *princípios fundamentais*" (HESSE. *A força normativa da Constituição*, p. 21).

razão, a linguagem do texto constitucional deve ser propositadamente vaga e geral, a fim de permitir a necessária adaptação das normas às evoluções da sociedade.[67] É dizer, uma Constituição deve conter normas abertas para ter a possibilidade de acompanhar, respeitados os valores fundamentais, a evolução da sociedade, tornando-se, assim, um instrumento democrático.[68]

Interessante, nesse ponto, colacionar a lição de Waldemar Martins Ferreira, para quem:

> Não devem as Constituições rígidas consignar no seu conteúdo mais do que o organismo do governo do povo e os poderes governamentais, a fim de que possa perdurar e servi-lo no evoluir dos tempos e na cadência dos acontecimentos políticos, sociais e econômicos, que elas devem disciplinar quanto possível sem os empecar ou embargar. A simplicidade de sua estrutura orgânica assegura sua subsistência no desenrolar dos tempos.[69]

Diante de uma análise histórica do constitucionalismo, é correto aduzir que este sofreu uma grande transformação. Para fins de melhor sistematização do tema coloca-se como ponto inicial da discussão o século XIX, quando eclodiu a Revolução Francesa, período no qual os burgueses, os quais patrocinaram as revoluções ocorridas, pregavam a necessidade de liberdade, igualdade e fraternidade.[70] [71]

---

[67] Essa é a conclusão de Carlos Santiago Nino, *Fundamentos de derecho constitucional*: análisis filosófico, jurídico y politológico de la prática constitucional, p. 89-90.

[68] Nesse sentido, ver: ÁLVAREZ CONDE. *Curso de derecho constitucional*, v. 1, p. 156; PIOVESAN. *Proteção judicial contra omissões legislativas*: ação direta de inconstitucionalidade por omissão e mandado de injunção, p. 25, WRÓBLEWSKI. *Constitución y teoría general de la interpretación jurídica*, p. 76-79.

[69] MARTINS. *História do direito constitucional brasileiro*, p. 169.

[70] É interessante mencionar, neste ponto, o pensamento de Eros Roberto Grau, o qual sustenta que esta idealização da liberdade, igualdade e fraternidade se contrapunha à realidade econômica daquela época. Com efeito, para ele, a busca pela igualdade estava prejudicada, pois tratava-se de igualdade meramente formal, uma igualdade "perante a lei", que excluía os desiguais. No tocante à fraternidade, a crítica que se colocou foi a de que esta não poderia crescer em uma sociedade em que reinavam o egoísmo e a competição como motores da atividade econômica. Por tais razões, este ideal era utópico, para não dizer ilusório, pois tais ideias, além de contraditórias, não correspondiam ao que se buscava efetivamente com a Revolução: a manutenção de privilégios, mas nas mãos dos burgueses (GRAU. *A ordem econômica na Constituição de 1988*, p. 15-19).

[71] O século XIX foi escolhido como marco não aleatoriamente, mas pelo fato de ter sido exatamente nesse período que eclodiram os pensamentos doutrinários que, em sua grande maioria, serviram — e servem — de suporte para a doutrina administrativista e constitucionalista brasileira.

Foi a partir desse período escolhido como ponto de partida que o texto constitucional passou a ser essencialmente liberal, com a mínima participação do Estado na esfera privada, uma vez que se buscava uma abstinência do Estado, um *non facere*, em resposta ao Estado absolutista antes em vigor. Substitui-se, assim, a máxima absolutista de Luís XIV, de ser a lei aquilo que o Rei dizia, pelo princípio da estrita legalidade. O Estado passou a existir unicamente para garantir o exercício dos direitos, razão pela qual a doutrina denominou as Constituições desse período de "Constituição Defensiva".[72][73]

Todavia, este ambiente liberal não se sustentou com o fim da 1ª Grande Guerra, o qual trouxe efeitos devastadores não apenas para a economia, mas também para a sociedade. Percebeu-se, assim, ser imprescindível uma atuação positiva do Estado, mais intensa, mais ativa, no intuito de se verem satisfeitos determinados objetivos sociais.

Gaspar Ariño foi bastante preciso em sua conclusão, ao afirmar que em face da "desordem natural", seria exigida uma mudança na função do Estado diante da atividade econômica.[74] *In verbis*:

> Frente a um Estado abstencionista (que cuidava da ordem econômica com princípios gerais proibitivos) se faz necessário um Estado intervencionista, que ordene a atuação econômica com corretas regras positivas.[75] (tradução livre)

Seguindo este modelo, as Constituições elaboradas neste período trouxeram normas que tentariam institucionalizar um Estado Social, embora sob o regime econômico do capitalismo.

---

[72] Sobre o tema, ver: PIOVESAN. *Proteção judicial contra omissões legislativas*: ação direta de inconstitucionalidade por omissão e mandado de injunção, p. 29-31; BONAVIDES. *Do Estado liberal ao Estado social*, p. 27.

[73] Sobre o tema, ver: BONAVIDES. *Do Estado liberal ao Estado social*, especialmente, p. 39-44.

[74] Um marco desta nova forma de agir do Estado foi a Constituição Mexicana, de 1917, que dedicou um capítulo aos princípios aplicáveis ao trabalho e à previdência social. Contudo, não obstante tenha havido tais normas, elas não eram dotadas de eficácia plena, dependendo, assim, da legislação ordinária, para serem implementadas. Outra Constituição, que merece destaque nesse contexto, é a de Weimar de 1919, quando, dando maior ênfase aos direitos sociais e econômicos, então desprestigiados, introduziu-se, em um texto constitucional, a economia como uma questão básica do Estado. É emblemático o disposto no artigo 151 desta Constituição: "A organização da vida econômica deverá realizar os princípios da justiça, tendo em vista assegurar a todos uma existência conforme à dignidade humana". Nesta, como na Constituição do México, tais normas também eram programáticas apenas. O tema atinente à classificação das normas constitucionais é objeto do item 3.2.

[75] No original: "Frente ao un Estado abstencionista (que cuidaba del orden económico con principios generales prohibitivos) se hace necesario un Estado intervencionista, que ordene la actuación económica con correctas reglas positivas" (ARIÑO ORTIZ, Gaspar. *Princípios de derecho público económico*, p. 11). No mesmo sentido, STRECK. *Jurisdição constitucional e hermenêutica*: uma nova crítica do direito, p. 112.

Entretanto, nos anos 20, com a Crise de 1929, ficou ainda mais urgente a questão econômica, a qual passou a ser vista como uma questão fundamental do governo, a fim de superar-se a crise internacional instaurada.[76] Nesse contexto, percebeu-se a importância de atribuir-se ao Estado o papel de implementar políticas públicas, deixando de ser mero garantidor da liberdade, passivo, como era propugnado no período anterior. Diante desse quadro, surgiriam as Constituições do Estado Social — "Constituições Constitutivas".[77]

Portanto, diversamente do que ocorria no Estado Liberal, os textos constitucionais promulgados a partir daí passaram a conter diversos dispositivos, exigindo do Poder Público a realização de políticas sociais, por meio da implementação de programas de ação postos na Constituição, tendo em vista o alcance da igualdade material — não mais uma igualdade formal — que passou a ser um valor essencial do sistema constitucional.

Assim, consoante a lição de Konrad Hesse, "embora a Constituição não possa, por si só, realizar nada, ela pode impor tarefas".[78] Tem-se, portanto, a atribuição de *poderes para* a realização de uma dada *tarefa* (*o poder-dever*) e não um poder a ser discricionariamente exercido. A esse modelo de Constituição, J.J. Gomes Canotilho atribui a denominação de Constituição Dirigente, propugnando que a Constituição não poderia apenas limitar o poder do Estado, mas deveria traçar as metas a serem progressivamente implementadas pelo Estado.[79] Surgem, assim, as normas programáticas, normas dependentes de regulamentação, objeto de análise do item 3.2, *infra*.

---

[76] Sobre o assunto, ver: MOREIRA. *Auto-regulação profissional e Administração Pública*, p. 23-24.

[77] A esse respeito, ver: PIOVESAN. *Proteção judicial contra omissões legislativas*: ação direta de inconstitucionalidade por omissão e mandado de injunção, p. 30; SARLET. *A eficácia dos direitos fundamentais*, p. 67-72; BONAVIDES, Paulo. *Do Estado liberal ao Estado social*, p. 31-38.

[78] HESSE. *A força normativa da Constituição*, p. 19.

[79] É importante destacar que no prefácio da 2ª edição de sua obra, J.J. Gomes Canotilho expõe um novo posicionamento acerca do que se deve compreender por Constituição Dirigente. *In verbis*: "A Constituição Dirigente está morta se o dirigismo constitucional for entendido como normativismo constitucional revolucionário capaz de, por si só, operar transformações emancipatórias. Também suportará impulso tanático qualquer texto constitucional dirigente introvertidamente vergado sobre si próprio e alheio aos processos de abertura do direito constitucional ao *direito internacional* e aos direitos *supranacionais*". Conclui afirmando que "os textos constitucionais devem estabelecer as premissas materiais fundantes das políticas públicas num Estado e numa sociedade que se pretendem continuar a chamar de direito, democráticos e sócias". Assim, respeitados esses parâmetros, a ideia e a aplicação da Constituição Dirigente permanece viva (CANOTILHO. *Constituição dirigente e vinculação do legislador*: contributo para a compreensão das normas constitucionais programáticas, p. 11-14). Sobre o tema, ver: TAVARES. *Tribunal e jurisdição constitucional*, p. 11-12; KRELL. *Direitos sociais e controle judicial no Brasil*: os (des)caminhos de um direito constitucional "comparado", p. 67-70; STRECK. *Jurisdição constitucional e hermenêutica*: uma nova crítica do direito, p. 114-127.

3.2 Classificação das normas constitucionais

Partindo desse modelo de Constituição, que contém abertura nas normas a fim de se garantir sua permanência descrita no item 3.1, *supra*, é possível classificar as normas constitucionais de acordo com o grau de sua aplicabilidade.

É importante afirmar, desde logo, que há diversas classificações para as normas constitucionais. Dentre elas, há a teoria de Cooley, trazida ao sistema constitucional brasileiro por Ruy Barbosa, que distinguia as normas constitucionais em: a) *normas autoexecutáveis* (*self executing provisions*) e b) *normas não autoexecutáveis* (*not self executing provisions*). As primeiras identificam-se com os preceitos que possuem aplicabilidade imediata, com plena eficácia jurídica; as segundas são as normas indicadoras de princípios, as quais, por não terem eficácia imediata, precisam de ação do Legislativo para sua efetivação.[80]

Pontes de Miranda, por sua vez, utiliza um critério bastante semelhante, utilizando-se da denominação *bastante em si* para as normas autoexecutáveis e *não bastante em si* para aquelas necessitando de legislação ulterior, o que abriu caminho para a formulação da teoria das normas constitucionais programáticas.[81] [82]

Meirelles Teixeira, a seu turno, classifica as normas em: a) *normas de eficácia plena* e b) *normas de eficácia limitada*. As de eficácia limitada foram por ele subdivididas em *normas programáticas*, as quais estabelecem os fins que o legislador deve buscar, e *normas de legislação*, que são aquelas que reclamam norma posterior.[83]

Há, ainda, a classificação trazida por Celso Bastos e Carlos Ayres Britto, dividindo as normas constitucionais em: a) *normas de aplicação*, normas plenas, incidentes diretamente sobre o fato regulado, e b) *normas de integração*, que necessitam de atividade complementar do legislador ordinário.

As normas de aplicação são subdivididas em *irregulamentáveis*, insuscetíveis de regramento infraconstitucional, e *regulamentáveis*, que admitem norma infraconstitucional para desdobramento de aspectos externos à norma.

---

[80] COOLEY, Thomas M. *A Treatise on the Constitutional Limitations which rest upon the Legislative Power of the States of the American Union*, p. 119-120 *apud* SILVA. *Aplicabilidade das normas constitucionais*, p. 73-77; BARBOSA. *Commentarios II*, p. 481-495.

[81] MIRANDA. *Comentários à Constituição de 1967*, v. 1, p. 85.

[82] Nesse sentido, ver: SARLET. *A eficácia dos direitos fundamentais*, p. 234.

[83] TEIXEIRA. *Curso de direito constitucional*, p. 113-320.

Já as normas de integração subdividem-se em *completáveis*, que demandam um complemento para ser aplicada, e *restringíveis*, aquelas que, não obstante sejam plenas, admitem restrição legislativa.[84]

Vale mencionar, outrossim, a classificação trazida por Maria Helena Diniz, distribuindo as normas constitucionais em: a) *normas com eficácia absoluta*, normas supereficazes, que não admitem qualquer alteração, nem mesmo por meio de emenda constitucional; b) *normas com eficácia plena*, que admitem emendas, mas que não necessitam de regulamentação para surtirem seus efeitos; e, c) *normas com eficácia relativa restringível* (ou *redutível*), as quais, apesar de dotadas de eficácia plena, admitem contenções por meio de legislação ordinária; e, por fim, d) *normas com eficácia relativa complementável ou dependentes de complementação*, dependentes de *interpositio legislatoris* para serem aplicadas. Esta última espécie é subclassificada em *normas de princípios institutivos* e *normas programáticas*.[85]

José Afonso da Silva sustenta que a aplicabilidade das normas jurídicas está relacionada com sua capacidade de produzir efeitos jurídicos. Destarte, se uma norma não dispuser de todos os requisitos necessários para sua aplicação aos casos concretos, faltar-lhe-á a eficácia jurídica.[86]

Por esta teoria, as normas classificam-se em: *normas de eficácia plena*, dotadas de aplicabilidade direta, imediata e integral, com aptidão para produzir todos os seus efeitos;[87] *normas de eficácia contida*, que têm aplicabilidade direta, imediata, mas com possibilidade de não ser integral, por poderem sofrer restrições de lei posterior;[88] e, por último, *normas*

---

[84] BASTOS; BRITTO. *Interpretação e aplicabilidade das normas constitucionais*, p. 35-48.

[85] DINIZ. *Norma constitucional e seus efeitos*, p. 111-118.

[86] Há duas espécies de eficácia, a jurídica, da qual trataremos ao longo do livro, e a social, denominada também de efetividade, que a concreta observância da norma no meio social que se pretende regular. Nesse sentido, ver: PIOVESAN. *Proteção judicial contra omissões legislativas*: ação direta de inconstitucionalidade por omissão e mandado de injunção, p. 57; SILVA. *Aplicabilidade das normas constitucionais*, p. 12; ARAUJO; NUNES JÚNIOR. *Curso de direito constitucional*, p. 18.

[87] São normas que, desde a entrada em vigor da Constituição, produzem ou têm a *possibilidade* de produzir todos os seus efeitos essenciais, estabelecendo conduta jurídica positiva ou negativa com comando certo e definido. As normas constitucionais de eficácia plena incidem diretamente sobre os interesses a que o constituinte quis dar expressão normativa. São de aplicabilidade imediata, pois têm todos os elementos e requisitos para sua executoriedade. As condições gerais para tal aplicabilidade existentes são o aparato jurisdicional; aplicam-se simplesmente por serem normas jurídicas.

[88] Normas que também produzem todos os seus efeitos essenciais desde a entrada em vigor da Constituição, mas que preveem meios ou conceitos que permitem manter sua eficácia contida em certos limites, em certas circunstâncias. Nas normas de eficácia contida, a legislação posterior não lhe completa a eficácia, mas impede a expansão da integridade de seu comando jurídico. Ademais, não só as leis podem restringi-las, mas certos conceitos de larga difusão (conceitos abertos) no direito público, como *e.g.*, ordem pública, segurança nacional, bons costumes, perigo público iminente, também tem este condão.

CAPÍTULO 3
O CONTROLE CONSTITUCIONAL DA OMISSÃO | 45

de eficácia limitada ou reduzida, que não produzem todos os seus efeitos simplesmente com a entrada em vigor, tendo aplicabilidade mediata, indireta e reduzida, e sendo dependentes, pois, de legislação ulterior.

As normas de eficácia limitada dividem-se em *normas declaratórias de princípios institutivos*,[89] que apontam para a criação de órgãos e instituições por meio da legislação ordinária, e *normas declaratórias de princípios programáticos*,[90] que estabelecem programas constitucionais de ação social a serem desenvolvidos pelo Estado.

Diante desse quadro, verifica-se que, superada a diferença terminológica entre essas diversas classificações há, entre elas, pontos em comum bastante marcantes, os quais permitem inferir que todas as normas constitucionais são dotadas de eficácia, mas que, em razão do seu grau de eficácia, algumas dependem da elaboração de uma norma infraconstitucional que as integre, para serem aplicadas em sua totalidade.

Assim, para fins convenção, adota-se a classificação, proposta por José Afonso da Silva, em especial em razão do maior detalhamento das normas constitucionais de eficácia limitada, eis que é essa espécie de norma que importa para esta obra.

Com efeito, essa espécie de norma constitucional exige uma ação do Poder Público, sob pena de este incorrer em omissão inconstitucional, tema ao qual se dedica este capítulo 3.

Deveras, as normas constitucionais de eficácia limitadas, não obstante dependam de uma norma posterior que lhes permita a aplicação no caso concreto, são dotadas de tanta imperiosidade quanto as normas de eficácia plena, razão pela qual a sua não regulamentação pelo poder competente é ato passível de declaração de inconstitucionalidade.

Toda norma integrante do texto constitucional já possui *juridicidade*, isto é, ainda que seja classificada como de eficácia limitada, é dotada de um mínimo de eficácia, uma vez que rege na esfera de alcance do princípio ou esquema que contêm.[91]

Ademais, são normas buscando atribuir fins ao Estado, que têm o intuito de superar a democracia formal e instaurar a *democracia*

---

[89] Normas que contêm esquemas gerais, início de estruturação de instituições, órgãos ou entidades, podendo, pois, serem chamadas de normas de princípio orgânico. As normas constitucionais de princípio institutivo podem ser: a) *impositivas*: que determinam ao legislador a emissão de uma norma integrativa, e b) *facultativas* ou *permissivas*: não impõe obrigação, dá ao legislador ordinário a possibilidade de instituir a situação nelas delineadas, são permissivas, mas dotadas de imperatividade.

[90] São normas constitucionais através das quais o constituinte, em vez de regular, direta e imediatamente, determinados interesses, limitou-se a traçar-lhes os princípios, metas a serem atingidas, programas de atividades, visando à realização dos fins sociais do Estado.

[91] SILVA. *Aplicabilidade das normas constitucionais*, p. 164.

substancial, ao determinarem a realização de fins sociais. Ingo Wolfgang Sarlet explica que as normas programáticas estabelecem um parâmetro ao legislador, no exercício de sua competência concretizadora.[92]

As normas constitucionais programáticas também têm grande importância na *interpretação*, pois servem como orientação axiológica para a compreensão do sistema jurídico. Tais normas são dotadas de *eficácia interpretativa*, sendo, assim, suficientes para impedir a elaboração de uma norma que as contrarie. É a isso que Maria Helena Diniz denomina de eficácia negativa das normas programáticas.[93]

José Afonso da Silva sintetiza que as normas programáticas são dotadas de eficácia jurídica imediata, pois:

> i. estabelecem um dever para o legislador ordinário;
>
> ii. condicionam a legislação futura, com a conseqüência de serem inconstitucionais as leis ou atos que as ferirem;
>
> iii. informam a concepção do Estado e da sociedade e inspiram sua ordenação jurídica, mediante atribuição de fins sociais, proteção dos valores da justiça social e relevação dos componentes do bem comum;
>
> iv. constituem sentido teleológico para a interpretação, integração e aplicação das normas jurídicas;
>
> v. condicionam a atividade discricionária da Administração e do Judiciário;
>
> vi. criam situações jurídicas subjetivas, de vantagem ou de desvantagem.[94]

Diante disso, é lícito concluir que as normas de eficácia limitada não são meras recomendações, planos para o futuro; são, pelo contrário, normas constitucionais vinculantes, que devem ser implementadas, sob pena de violação à Constituição.[95]

---

[92] SARLET. *A eficácia dos direitos fundamentais*, p. 235. No mesmo diapasão, ver: TEIXEIRA. *Curso de direito constitucional*, p. 113-314.

[93] "As normas com *eficácia negativa* prescrevem ao legislador, administrador ou juiz, um caminho, sem, contudo, constrangê-los, juridicamente a segui-lo, compelindo-os, porém, a não tomarem diretriz contrária, sendo por isso, paralisante das normas que com elas conflitarem" (DINIZ. *Norma constitucional e seus efeitos*, p. 120).

[94] SILVA. *Aplicabilidade das normas constitucionais*, p. 164.

[95] Interessa, nesse ponto, colacionar a lição de J.J. Gomes Canotilho que ensina que "a positividade jurídico-constitucional das normas programáticas significa fundamentalmente: (1) vinculação do legislador, de forma permanente à realização (*imposição constitucional*); (2) vinculação *positiva* de todos os órgãos concretizadores, devendo estes tomá-las em consideração como *diretivas materiais permanentes*, em qualquer momento da atividade concretizadora (legislação, execução, jurisdição); (3) vinculação, na qualidade de limites negativos, dos poderes públicos, justificando eventual censura, sob a forma de inconstitucionalidade, em relação aos atos que as contrariam" (CANOTILHO. *Direito constitucional*

CAPÍTULO 3
O CONTROLE CONSTITUCIONAL DA OMISSÃO | 47

e teoria da constituição, p. 1102-1103, grifos do original). Nesse sentido, já decidiu o Supremo Tribunal Federal, cuja ementa se transcreve: "Mandado de injunção. Natureza jurídica. Taxa de juros reais (CF, art. 192, §3º). Injustificável omissão do Congresso Nacional. Fixação de prazo para legislar. Descabimento, no caso. *Writ* parcialmente deferido. A transgressão da ordem constitucional pode consumar-se mediante ação (violação positiva) ou mediante omissão (violação negativa). O desrespeito à Constituição tanto pode ocorrer mediante ação estatal quanto mediante inércia governamental. A situação de inconstitucionalidade pode derivar de um comportamento ativo do Poder Público, seja quando este vem a fazer o que o estatuto constitucional não lhe permite, seja, ainda, quando vem a editar normas em desacordo, formal ou material, com o que dispõe a Constituição. Essa conduta estatal, que importa em um *facere* (atuação positiva), gera a inconstitucionalidade por ação. Se o Estado, no entanto, deixar de adotar as medidas necessárias à realização concreta dos preceitos da Constituição, abstendo-se, em conseqüência, de cumprir o dever de prestação que a própria Carta Política lhe impôs, incidirá em violação negativa do texto constitucional. Desse *non facere* ou *non praestare*, resultará a inconstitucionalidade por omissão, que pode ser total (quando é nenhuma a providência adotada) ou parcial (quando é insuficiente a medida efetivada pelo Poder Público). Entendimento prevalecente na jurisprudência do Supremo Tribunal Federal: *RTJ* 162/877-879, Rel. Min. Celso de Mello (Pleno). A omissão do Estado — que deixa de cumprir, em maior ou em menor extensão, a imposição ditada pelo texto constitucional — qualifica-se como comportamento revestido da maior gravidade político-jurídica, eis que, mediante inércia, o Poder Público também desrespeita a Constituição, também ofende direitos que nela se fundam e também impede, por ausência (ou insuficiência) de medidas concretizadoras, a própria aplicabilidade dos postulados e princípios da Lei Fundamental. Descumprimento de imposição constitucional legiferante e desvalorização funcional da constituição escrita. O Poder Público — quando se abstém de cumprir, total ou parcialmente, o dever de legislar, imposto em cláusula constitucional, de caráter mandatório — infringe, com esse comportamento negativo, a própria integridade da Lei Fundamental, estimulando, no âmbito do Estado, o preocupante fenômeno da erosão da consciência constitucional (ADI nº 1.484-DF, Rel. Min. Celso de Mello). A inércia estatal em adimplir as imposições constitucionais traduz inaceitável gesto de desprezo pela autoridade da Constituição e configura, por isso mesmo, comportamento que deve ser evitado. É que nada se revela mais nocivo, perigoso e ilegítimo do que elaborar uma Constituição, sem a vontade de fazê-la cumprir integralmente, ou, então, de apenas executá-la com o propósito subalterno de torná-la aplicável somente nos pontos que se mostrarem ajustados à conveniência e aos desígnios dos governantes, em detrimento dos interesses maiores dos cidadãos. Direito subjetivo à legislação e dever constitucional de legislar: a necessária existência do pertinente nexo de causalidade. O direito à legislação só pode ser invocado pelo interessado, quando também existir — simultaneamente imposta pelo próprio texto constitucional — a previsão do dever estatal de emanar normas legais. Isso significa que o direito individual à atividade legislativa do Estado apenas se evidenciará naquelas estritas hipóteses em que o desempenho da função de legislar refletir, por efeito de exclusiva determinação constitucional, uma obrigação jurídica indeclinável imposta ao Poder Público. Para que possa atuar a norma pertinente ao instituto do mandado de injunção, revela-se essencial que se estabeleça a necessária correlação entre a imposição constitucional de legislar, de um lado, e o conseqüente reconhecimento do direito público subjetivo à legislação, de outro, de tal forma que, ausente a obrigação jurídico-constitucional de emanar provimentos legislativos, não se tornará possível imputar comportamento moroso ao Estado, nem pretender acesso legítimo à via injuncional. Precedentes. Mandado de injunção e taxa de juros reais. O estado de inércia legiferante do Congresso Nacional justifica a utilização do mandado de injunção, desde que resulte inviabilizado — ante a ocorrência de situação de lacuna técnica — o exercício de direitos, liberdades e prerrogativas constitucionais (CF, art. 5º, LXXI), de que seja titular a parte impetrante. A regra inscrita no artigo 192, §3º, da Constituição, por não se revestir de suficiente densidade normativa, reclama, para efeito de sua integral aplicabilidade, a necessária intervenção concretizadora do Congresso Nacional, cuja prolongada inércia — sobre transgredir, gravemente, o direito dos devedores à prestação legislativa prevista na Lei Fundamental — também configura injustificável e inconstitucional situação de mora imputável ao Poder Legislativo da União. Precedentes. Deferimento, em parte, do *writ* injuncional, nos termos constantes do voto do Relator" (STF, Tribunal Pleno, MI nº 542/SP, rel. Min. Celso de Mello, j. 29.08.2001, *DJU* 28.06.2002, p. 89. Decisão: por unanimidade, o mandado de injunção foi desprovido).

Nesse mesmo diapasão, Vital Moreira e Canotilho afirmam, categoricamente, que a ideia de Constituição como um "simples concentrado de princípios" dirigidos ao Legislativo, que os atenderia de forma discricionária, está superada. Para eles, a juridicidade, a vinculatividade e a atualidade das normas constitucionais não são mais questionáveis, são de atendimento obrigatório por todo o Estado, por serem dotadas de eficácia normativa.

Assim, "a Constituição é, pois, um complexo normativo ao qual deve ser assinalada a função verdadeira de lei superior do Estado, que todos os órgãos vincula".[96] Diante disso, todas as normas constitucionais vinculam, com o mesmo vigor, Legislativo, Executivo e Judiciário, independentemente do seu grau de eficácia.

No mesmo sentido, Ruy Barbosa explica que não há, em uma Constituição, cláusulas com valor simplesmente moral, de conselhos, avisos ou lições. Toda norma constitucional tem força imperativa de regras, mas "muitas, porém, não revestem os meios necessários de ação essenciais ao seu exercício. (...) a Constituição não se executa a si mesma: antes requer ação legislativa, para lhe tornar efetivos os preceitos".[97]

No mesmo diapasão, é a conclusão de Eliseo Aja, no sentido de ser a obrigatoriedade da regulação das normas constitucionais tão clara que sua violação seria negar o próprio sentido da Constituição, o que resultaria em um texto meramente retórico, colocando, consequentemente, o consenso, é imprescindível para a democracia.[98]

Vale, ainda, expor a conclusão de Luís Roberto Barroso, ao sustentar que:

> (...) são tão jurídicas e vinculativas as normas programáticas, notadamente as definidoras de direitos sociais que, na hipótese de não realização destas normas e destes direitos por inércia dos órgãos de direção política (Executivo e Legislativo), caracterizada a inconstitucionalidade por omissão.[99]

---

[96] CANOTILHO; MOREIRA. *Fundamentos da Constituição*, p. 43. No mesmo sentido, ver: CLÈVE. *A fiscalização abstrata da constitucionalidade no direito brasileiro*, p. 27-28; CUNHA JÚNIOR. *Controle judicial das omissões do Poder Público*, p. 105; FREITAS. *O intérprete e o poder de dar vida à Constituição*, p. 237; CANOTILHO. *Direito constitucional e teoria da Constituição*, p. 1102-1103; PALU. *Controle dos atos de governos pela jurisdição*, p. 171-172.

[97] BARBOSA. *Commentarios à Constituição Federal brasileira*, p. 488-489.

[98] Eliseo Aja, no prefácio à obra de Ferdinand Lassalle, *Qué es uma Constitución?*, p. 47. No mesmo diapasão, Luís Roberto Barroso sustenta que não se permitir o exercício a direito garantido pela Constituição é ir contra a supremacia constitucional, princípio de suma importância na atividade interpretativa (BARROSO. *Interpretação e aplicação da constituição*, p. 170-171, 174).

[99] BARROSO. *O direito constitucional e a efetividade de suas normas*: limites e possibilidades da Constituição brasileira, p. 106. No mesmo sentido, aponta Ingo Wolfgang Sarlet, com base

Destarte, a omissão inconstitucional não advém de mera inação do Poder Público, mas resulta da ausência de legislação ou regulação de tema ao qual estava obrigado pela Constituição.[100]

Lenio Luiz Streck sustenta que, no Estado Democrático de Direito, a justiça constitucional cumpre o importante papel de evitar omissões do Poder Público, resultando em um "solapamento da materialidade da Constituição", razão pela qual deve estar apta a concretizar os direitos fundamentais postos no texto constitucional.[101]

No intuito de evitar-se que uma omissão do Poder Público prejudicasse um direito constitucionalmente garantido,[102] foram criados instrumentos para o controle da omissão inconstitucional, tema relativamente novo, objeto dos itens 3.3 e 3.4, *infra*.

3.3 Direito comparado

Feitos esses esclarecimentos, torna-se viável a análise do controle da omissão no direito comparado, a fim de se perquirir a fonte dessa modalidade de controle no direito pátrio.

Aponta-se a origem do controle da omissão em 1974, na Constituição da Iugoslávia, que previa a possibilidade de o Tribunal Constitucional, de ofício, instaurar processo para a verificação de inconstitucionalidade pela omissão.[103] *In verbis*:

> Art. 337. Se o Tribunal Constitucional da Iugoslávia verificar que o órgão competente não promulgou as prescrições necessárias à execução das disposições da Constituição da República Federativa da Iugoslávia, das leis federais e das outras prescrições federais e atos gerais, dará ao fato conhecimento à Assembléia Federativa da Iugoslávia.

---

na lição de García de Enterría, que "os preceitos da Constituição não são adágios gastos pelo tempo ou contra-senhas destituídas de sentido. São princípios vitais e vivos, que autorizam e limitam os poderes governamentais em nossa nação. Eles são regras de governo" (SARLET. *A eficácia dos direitos fundamentais*, p. 236).

[100] Nesse sentido, MENDES. *Direitos fundamentais e controle de constitucionalidade*, p. 52; CANOTILHO. *Direito constitucional e teoria da Constituição*, p. 1004; BARROSO. *O controle de constitucionalidade no direito brasileiro*, p. 32.

[101] STRECK. *Jurisdição constitucional e hermenêutica*: uma nova crítica do direito, p. 837. Na mesma linha, ver: CUNHA JÚNIOR. *Controle judicial das omissões do Poder Público*, p. 551.

[102] Francisco Gérson Marques de Lima chega a afirmar que o desrespeito aos direitos fundamentais pode comprometer sua existência (LIMA. *Fundamentos constitucionais do processo*: sob a perspectiva da eficácia dos direitos e garantias fundamentais, p. 33).

[103] Sobre o tema, v. CUNHA JÚNIOR. *Controle judicial das omissões do Poder Público*, p. 130; PIOVESAN. *Proteção judicial contra omissões legislativas*: ação direta de inconstitucionalidade por omissão e mandado de injunção, p. 130-131, SOUZA. *Normas constitucionais não-regulamentadas*, p. 54; BARROSO. *O controle de constitucionalidade no direito brasileiro*, p. 32.

Para o presente livro, importa mais o estudo do controle da omissão inconstitucional no direito lusitano, a fonte direta de inspiração do constituinte de 1988.[104] Estabelece a Constituição portuguesa de 1976:

> Art. 283.
>
> 1. A requerimento do Presidente da República, do Provedor de Justiça ou, com fundamento em violação de direitos das regiões autônomas, dos presidentes das assembléias legislativas regionais, o Tribunal Constitucional aprecia e verifica o não cumprimento da Constituição por omissão das medidas legislativas necessárias para tornar exeqüíveis as normas constitucionais.
>
> 2. Quando o Tribunal Constitucional verificar a existência de inconstitucionalidade por omissão, dará disso conhecimento ao órgão legislativo competente.[105]

No sistema de controle português, assim como na Constituição brasileira de 1988, o controle da omissão não é feito *ex officio* pelo Tribunal Constitucional, dependendo, para dar início ao processo, da provocação de um dos entes legitimados (Presidente da República, Provedor de Justiça ou, com fundamento em violação de direitos das regiões autônomas, presidentes das assembleias legislativas regionais).[106]

Outro ponto em comum entre esses dois sistemas é que, em ambos, a consequência pela declaração de inconstitucionalidade é a mera ciência ao órgão omisso. Com efeito, assim como na Constituição de Portugal há a previsão de que, verificada a existência de inconstitucionalidade

---

[104] Nesse sentido, ver: CUNHA JÚNIOR. *Controle judicial das omissões do Poder Público*, p. 539; PIOVESAN. *Proteção judicial contra omissões legislativas*: ação direta de inconstitucionalidade por omissão e mandado de injunção, p. 130-131. Sobre o controle da omissão no direito lusitano, ver: CANOTILHO. *Curso de direito constitucional e teoria da Constituição*, p. 909; MIRANDA. *Teoria do Estado e da Constituição*, p. 143.

[105] No texto constitucional português, "Art. 283. 1. A requerimento do Presidente da República, do Provedor de Justiça ou, com fundamento em violação de direitos das regiões autônomas, dos presidentes das assembleias legislativas regionais, o Tribunal Constitucional aprecia e verifica o não cumprimento da Constituição por omissão das medidas legislativas necessárias para tornar exequíveis as normas constitucionais. 2. Quando o Tribunal Constitucional verificar a existência de inconstitucionalidade por omissão, dará disso conhecimento ao órgão legislativo competente".

[106] No Brasil, como já adiantado no item 2.4, o rol de legitimados é extenso, nos termos do que determina o *caput* do artigo 103, podem propor a ação direta de inconstitucionalidade, seja por ação ou omissão: "I – o Presidente da República; II – a Mesa do Senado Federal; III – a Mesa da Câmara dos Deputados; IV – a Mesa de Assembléia Legislativa ou da Câmara Legislativa do Distrito Federal; V – o Governador de Estado e do Distrito Federal; VI – o Procurador-Geral da República; VII – o Conselho Federal da Ordem dos Advogados do Brasil; VIII – partido político com representação no Congresso Nacional; IX – confederação sindical ou entidade de classe de âmbito nacional".

por omissão, será dado conhecimento ao órgão legislativo competente, na Constituição do Brasil, no §2º do artigo 103, está estabelecido que "declarada a inconstitucionalidade por omissão de medida para tornar efetiva norma constitucional, será dada ciência ao Poder competente para a adoção das providências necessárias e, em se tratando de órgão administrativo, para fazê-lo em trinta dias".

Há, entretanto, uma peculiaridade do sistema brasileiro de controle da omissão inconstitucional em relação ao modelo de Portugal. A Constituição brasileira de 1988 admite que o controle da omissão seja de ato legislativo, seja de ato administrativo, enquanto que na Constituição de Portugal, pelo artigo 283 transcrito acima, o controle da omissão se dá tão somente nos casos de omissão legislativa.[107]

Vale mencionar, ainda, a título de comparação, o instituto do *Verfasungsbeshwerde*, ação utilizada quando há violação a direitos fundamentais previstos na Lei Fundamental, seja por ação, seja por omissão. Verifica-se, assim, que não se tem o mesmo objeto da ação de inconstitucionalidade por omissão, que pressupõe uma inação no sentido de implementar um direito posto na Constituição.[108]

Ultrapassada essa análise do direito comparado, mostra-se possível analisar os instrumentos previstos pela Constituição de 1988 para que se implemente o controle da omissão inconstitucional.

3.4 Instrumentos para o controle da omissão na Constituição de 1988

A Constituição do Brasil de 1988, de forma inédita, instituiu dois instrumentos para o controle da omissão na implementação de suas normas: a ação direta de inconstitucionalidade por omissão (ADIn por omissão) e o mandado de injunção.

Vale transcrever a lapidar lição de Roque Antonio Carrazza, a esse respeito:

> A ação direta de inconstitucionalidade por omissão e o mandado de injunção são inovações da Carta de 1988. Junto a elas transita a mesma e louvável idéia de que os direitos constitucionais não devem, por falta de atos normativo que os inviabilizem, permanecer no plano das aspirações irrealizadas. De fato, a Lei Maior de 1988 contém muitos avanços, nos

---

[107] A esse respeito, ver: CUNHA JÚNIOR. *Controle judicial das omissões do Poder Público*, p. 544-545.

[108] Sobre o tema, ver: PIOVESAN. *Proteção judicial contra omissões legislativas*: ação direta de inconstitucionalidade por omissão e mandado de injunção, p. 130.

campos sociais, político econômico etc. Ora, o constituinte, temendo que tais avanços ficassem apenas no papel, procurou criar institutos adequados a sua concretização. Dois deles são, justamente, ação direta de inconstitucionalidade por omissão e o mandado de injunção.[109]

Por meio da ação direta de inconstitucionalidade por omissão, via de ação, e do mandado de injunção, via de exceção, busca-se dar eficácia plena às normas constitucionais cuja aplicabilidade está obstada pela omissão do Estado em implementá-las, seja pela não elaboração de lei ordinária, seja por ausência de ato administrativo.

Vale acrescentar que, de acordo com Gilmar Ferreira Mendes, "configura-se omissão legislativa não apenas quando o legislador não cumpre o seu dever, mas, também, quando o satisfaz de forma incompleta".[110] Assim, a omissão pode ser total, quando não há qualquer medida tomada para dar eficácia plena à norma constitucional, ou parcial, quando, apesar de haver regulamentação, ela é insuficiente ou deficiente, deixando parte dos destinatários do comando constitucional desatendidos, por não terem a seu favor a possibilidade de usufruir da norma constitucional do mesmo modo que aqueles que são abarcados pela norma regulamentadora ou pelo ato administrativo.[111]

A ADIn por omissão segue a mesma regra da ADIn por ação, já delineada no item 2.4, *supra*, sendo, pois, um processo objetivo de controle abstrato das normas constitucionais, cuja finalidade última é a de defender a Constituição.[112]

São legitimados, para propor a ADIn por omissão, perante o Supremo Tribunal Federal, nos termos do artigo 103, da Constituição, Presidente da República, a Mesa do Senado Federal, a Mesa da Câmara dos Deputados, a Mesa de Assembleia Legislativa ou da Câmara

---

[109] CARRAZZA. *Curso de direito constitucional tributário*, p. 346, nota de rodapé 27.

[110] MENDES. *Direitos fundamentais e controle de constitucionalidade*, p. 66.

[111] Sobre o tema, ver: CANOTILHO. *Direito constitucional e teoria da Constituição*, p. 1023-1024; BARROSO. *O controle de constitucionalidade no direito brasileiro*, p. 197; CARRAZZA. *Curso de direito constitucional tributário*, p. 34-37, 197-198.

[112] A ação direta de inconstitucionalidade por omissão, assim como a ação direta de inconstitucionalidade por ação, segue o procedimento estabelecido pela Lei nº 9.868/99, diferenciando-se desta pela impossibilidade de concessão de medida cautelar, consoante entendimento exarado pelo Supremo Tribunal Federal: "Ação direta de inconstitucionalidade por omissão. Liminar. É incompatível com o objeto mediato da referida demanda a concessão de liminar. Se nem mesmo o provimento judicial último pode implicar o afastamento da omissão, o que se dirá quanto ao exame preliminar" (STF, Tribunal Pleno, ADIn nº 361/DF, rel. Min. Celso de Mello, j. 05.10.1990, *DJ* 26.10.1990, p. 11976). Sobre o tema, ver: CUNHA JÚNIOR. *Controle judicial das omissões do Poder Público*, p. 540-541; BARROSO. *O controle de constitucionalidade no direito brasileiro*, p. 206-207.

Legislativa do Distrito Federal, o Governador de Estado ou do Distrito Federal, o Conselho Federal da Ordem dos Advogados do Brasil, partido político com representação no Congresso Nacional e as confederações sindicais e entidades de classe de âmbito nacional.

No que tange aos efeitos da procedência da ação direta de inconstitucionalidade por omissão, não há declaração de nulidade da norma, como ocorre se há procedência da ADIn, pois não há norma para se declarar nula; há, pelo contrário, *inexistência* de norma.

Faz-se mister destacar que o §2º, do artigo 103, da Constituição, antes da Emenda Constitucional nº 45/04, determinava:

> Declarada a inconstitucionalidade por omissão de medida para tornar efetiva norma constitucional, será dada ciência ao Poder competente para a adoção das providências necessárias e, em se tratando de órgão administrativo, para fazê-lo em trinta dias.

Todavia, a referida emenda constitucional alterou a redação desse dispositivo, deixando de contemplar essa regra. É a redação atual do §2º do artigo 103 da Constituição:

> As decisões definitivas de mérito, proferidas pelo Supremo Tribunal Federal, nas ações diretas de inconstitucionalidade e nas ações declaratórias de constitucionalidade produzirão eficácia contra todos e efeito vinculante, relativamente aos demais órgãos do Poder Judiciário e à administração pública direta e indireta, nas esferas federal, estadual e municipal.

É de se questionar se com essa alteração, a ciência fica dispensada, eis que a decisão proferida pelo Supremo Tribunal Federal teria eficácia contra todos e efeito vinculante, nos exatos termos da atual redação do dispositivo constitucional.

É importante trazer à baila a corrente doutrinária capitaneada por Flávia Piovesan que, inspirada na jurisprudência constitucional alemã, defende que o Supremo Tribunal Federal, ao declarar a inconstitucionalidade da omissão, deveria fixar um prazo para o legislador suprir sua omissão, tornando efetiva a norma constitucional.[113] Tal prazo poderia ser o mesmo que aquele usado no "regime de urgência", para projetos de lei de iniciativa do Presidente da República, que impõe o prazo de

---

[113] PIOVESAN. *Proteção judicial contra omissões legislativas*: ação direta de inconstitucionalidade por omissão e mandado de injunção, p. 126.

quarenta e cinco dias para as deliberações do Congresso Nacional.[114] Adotando esse critério, findo o prazo, o Supremo Tribunal Federal poderia elaborar uma norma que vigeria até a elaboração da norma geral pelo legislador ordinário ou por ato administrativo.[115]

Fundamentam-se, para tanto, no argumento de que não se deve interpretar a Constituição de forma literal, pelo contrário, na atividade interpretativa o intérprete deve buscar a finalidade perseguida pelo poder constituinte quando da inclusão do instituto do controle da omissão no texto constitucional, qual seja, o alcance da vontade do constituinte em sua plenitude, com a consequente garantia da supremacia da Constituição.[116]

Os opositores desta proposta, contudo, argumentam que tal competência feriria o princípio constitucional da separação dos poderes. Essa crítica é rebatida pelos defensores daquela tese, sob o argumento de que deve haver "um esforço de conciliar o princípio da prevalência constitucional com o princípio da separação de poderes":[117] o Supremo Tribunal Federal só elaboraria a norma provisória se, ao final do prazo, o legislador não fizesse a norma, não honrando o seu cargo, a fim de dar eficácia plena ao preceito constitucional.

Interessante a ponderação de José Afonso da Silva, a esse respeito, ao afirmar que "a mera ciência ao Poder Legislativo pode ser ineficaz, já que não está obrigado a legislar", acrescentando que a elaboração da norma pelo Judiciário não violaria o princípio da discricionariedade do legislador. Em suas palavras:

---

[114] "Art. 64. A discussão e votação dos projetos de lei de iniciativa do Presidente da República, do Supremo Tribunal Federal e dos Tribunais Superiores terão início na Câmara dos Deputados. §1º – O Presidente da República poderá solicitar urgência para apreciação de projetos de sua iniciativa. §2º Se, no caso do §1º, a Câmara dos Deputados e o Senado Federal não se manifestarem sobre a proposição, cada qual sucessivamente, em até quarenta e cinco dias, sobrestar-se-ão todas as demais deliberações legislativas da respectiva Casa, com exceção das que tenham prazo constitucional determinado, até que se ultime a votação".

[115] É preciso ressalvar, contudo, que nos casos em que o legislador fosse insubstituível, o Supremo Tribunal Federal não poderia dispor normativamente. Exemplificativamente, não poderia haver normatização, pelo Tribunal Constitucional, de normas de eficácia limitada de princípio institutivo, tratadas no item 3.2, *supra*.

[116] Essa é a conclusão de CUNHA JÚNIOR. *Controle judicial das omissões do Poder Público*, p. 546-547 e TEMER. *Elementos de direito constitucional*, p. 51-52. Sobre o tema, ainda: SOUZA. *Normas constitucionais não-regulamentadas*, p. 62-63; BARROSO. *O controle de constitucionalidade no direito brasileiro*, p. 208-209.

[117] PIOVESAN. *Proteção judicial contra omissões legislativas*: ação direta de inconstitucionalidade por omissão e mandado de injunção, p. 109. No mesmo sentido, ver: CUNHA JÚNIOR. *Controle judicial das omissões do Poder Público*, p. 548, 550-551.

Mas isso não impediria que a sentença que reconhecesse a omissão inconstitucional já pudesse dispor normativamente sobre a matéria até que a omissão legislativa fosse suprida. Com isso, conciliar-se-iam o princípio político da autonomia do legislador e a exigência do efetivo cumprimento das normas constitucionais.[118]

Porém, essa proposta não é bem aceita pelo Supremo Tribunal Federal,[119] o qual prefere seguir uma concepção bastante conservadora, consoante será demonstrado no item 4.4 do capítulo 4, que trata do mandado de injunção.

A outra forma que a Constituição de 1988 coloca à disposição do cidadão para efetuar controle da omissão é o meio de defesa, pelo qual o cidadão tem a faculdade de utilizar do mandado de injunção. Esse instrumento, nos termos do artigo 5º, LXXI, da Constituição,

---

[118]SILVA. *Curso de direito constitucional positivo*, p. 48-49.

[119]"I. Mandado de injunção coletivo: admissibilidade, por aplicação analógica do artigo 5º, LXX, da Constituição; legitimidade, no caso, entidade sindical de pequenas e médias empresas, as quais, notoriamente dependentes do crédito bancário, têm interesse comum na eficácia do artigo 192, par. 3º, da Constituição, que fixou limites aos juros reais. II. Mora legislativa: exigência e caracterização: critério de razoabilidade. A mora — que é pressuposto da declaração de inconstitucionalidade da omissão legislativa —, é de ser reconhecida, em cada caso, quando, dado o tempo corrido da promulgação da norma constitucional invocada e o relevo da matéria, se deva considerar superado o prazo razoável para a edição do ato legislativo necessário à efetividade da lei fundamental; vencido o tempo razoável, nem a inexistência de prazo constitucional para o adimplemento do dever de legislar, nem a pendência de projetos de lei tendentes a cumpri-lo podem descaracterizar a evidência da inconstitucionalidade da persistente omissão de legislar. III. Juros reais (CF, art. 192, par. 3º): passados quase cinco anos da Constituição e dada a inequívoca relevância da decisão constituinte paralisada pela falta da lei complementar necessária a sua eficácia — conforme já assentado pelo STF (ADIn nº 4, DJ 25.06.1993, Sanches) —, declara-se inconstitucional a persistente omissão legislativa a respeito, para que a supra o Congresso Nacional. IV. Mandado de injunção: natureza mandamental (MI nº 107-QO, M. Alves, *RTJ* 133/11): descabimento de fixação de prazo para o suprimento da omissão constitucional, quando — por não ser o estado o sujeito passivo do direito constitucional de exercício obstado pela ausência da norma regulamentadora (*v.g.* MI nº 283, pertence, *RTJ* 135/882) —, não seja possível cominar conseqüências a sua continuidade após o termo final da dilação assinada" (STF, Tribunal Pleno, MI nº 361/RJ, rel. para acórdão Min. Néri da Silveira, j. 08.04.1994, *DJU*, p. 15707, 17 jun. 1994. Decisão: por maioria, deferiram em parte o mandado de injunção). "Mandado de injunção. Juros reais. Parágrafo 3º do artigo 192 da Constituição Federal. Este Tribunal, ao julgar a ADIN nº 4, entendeu, por maioria de votos, que o disposto no §3º do artigo 192 da Constituição Federal não era auto-aplicável, razão por que necessita de regulamentação. Passados mais de doze anos da promulgação da Constituição, sem que o Congresso Nacional haja regulamentado o referido dispositivo constitucional, e sendo certo que a simples tramitação de projetos nesse sentido não é capaz de elidir a mora legislativa, não há dúvida de que esta, no caso, ocorre. Mandado de injunção deferido em parte, para que se comunique ao Poder Legislativo a mora em que se encontra, a fim de que adote as providências necessárias para suprir a omissão, deixando-se de fixar prazo para o suprimento dessa omissão constitucional em face da orientação firmada por esta Corte (MI nº 361)" (STF, Tribunal Pleno, MI nº 584/SP, rel. Min. Moreira Alves, j. 29.11.2001, *DJU*, p. 36, 22 nov. 2001. Decisão: por unanimidade, deferido em parte o mandado de injunção).

um remédio posto à disposição daquele que se sente impossibilitado de exercer direitos, liberdades e garantias previstas na Constituição, pela "hipossuficiência regulamentar".[120] É a esse *writ* constitucional, que não gera menos controvérsias na doutrina pátria, que se dedica o capítulo 4, *infra*.

---

[120]BASTOS. *A Constituição de 1988 e seus problemas*, p. 28.

CAPÍTULO 4

O MANDADO DE INJUNÇÃO

4.1 O mandado de injunção na Constituição de 1988

O mandado de injunção é um instrumento, inserido no ordenamento jurídico pátrio, posto à disposição dos cidadãos, a fim de se ver garantida a concretização dos direitos que lhe são assegurados no texto da Constituição Federal de 1988.

Com efeito, percebendo que nenhum dos institutos processuais já existentes era apto a efetivar e assegurar os direitos consagrados no texto constitucional,[121] o poder constituinte viu-se compelido a criar um mecanismo novo.

Buscou-se, assim, criar uma garantia funcional para suprir, através do Poder Judiciário, a carência de norma regulamentadora que viabilizasse o exercício de direitos, isto é, de uma forma para obtenção

---

[121] Em artigo sobre o tema, Maria Garcia sustenta que o mandado de injunção surgiu com o intuito de minimizar os "efeitos deletérios do distanciamento entre a declaração de direitos e sua exercitação pelos destinatários" (*Os efeitos do mandado de injunção e o princípio da separação de poderes*, p. 80).

de uma ordem judicial com o fito de evitar que a inércia ou omissão do poder competente impedisse o gozo de direito ou liberdade constitucionalmente garantidos, mas dependentes de regulamentação.[122]

Importa frisar, o surgimento do mandado de injunção coincide com o momento de redemocratização do Estado brasileiro, diante da constatação de que os remédios, até então existentes no sistema jurídico pátrio, não eram aptos a enfrentar a inconstitucionalidade manifestada por um "*non facere*".[123]

A Constituição de 1988 surgiu no período no qual se verificou imperiosa a intervenção estatal no âmbito social, trazendo o modelo do Estado Social Democrático de Direito, no qual a Constituição não se limitaria apenas a fixar competências, como no modelo liberal, mas, além disso, estabeleceria metas, programas a serem cumpridos e observados por todos.[124]

Todavia, como não basta declarar direitos e liberdades se estes, por dependerem de uma norma regulamentadora para sua efetividade, são inócuos, introduziu-se, no ordenamento jurídico brasileiro, como já adiantado no item 3.3, *supra*, instrumentos para o controle da omissão. Criou-se, portanto, o mandado de injunção como uma garantia constitucional voltada a reforçar o constitucionalismo e o Estado Democrático Cidadão, participativo e comunitário, atribuindo ao cidadão um instrumento apto a conferir aplicabilidade às normas constitucionais.[125]

Faz-se mister, neste ponto, fazer uma retrospectiva do processo constituinte no tangente ao mandado de injunção,[126] a fim de que se possa melhor compreender qual era a intenção do constituinte originário, ao criar esse instrumento.[127]

---

[122] Nesse ponto, adota-se o conceito de omissão inconstitucional nos moldes postos no item 3.2 do capítulo 3, segundo o qual a omissão inconstitucional é aquela resultante da ausência de legislação ou regulação de tema ao qual estava obrigado pelo texto constitucional.

[123] BARROSO. *O controle de constitucionalidade no direito brasileiro*, p. 32.

[124] A esse respeito, ver: CUNHA JÚNIOR. *Controle judicial das omissões do poder público*, p. 68-71; PIOVESAN. *Proteção judicial contra omissões legislativas*: ação direta de inconstitucionalidade por omissão e mandado de injunção, p. 46-53, 171-173; COSTA. *O mandado de injunção como norma garantidora dos direitos sociais*, p. 432.

[125] Nesse ponto, vale trazer à baila a conclusão de Flávia Piovesan, para quem "o desafio do constitucionalismo inaugurado em 1988, no entanto, é implementar uma ordem jurídica própria dos Estados intervencionistas em um quadro marcado pela globalização econômica" (*Proteção judicial contra omissões legislativas*: ação direta de inconstitucionalidade por omissão e mandado de injunção, p. 50-51).

[126] Para maiores detalhes do processo constituinte, ver: PORTO. Mandado de injunção: algumas notas para debate, *Revista de Jurisprudência do Tribunal de Justiça do Estado de São Paulo*, p. 13-18.

[127] Não obstante seja sabido que um dos princípios da hermenêutica dita que a lei não é aquilo que o legislador quis exprimir, mas o que exprimiu de fato, essa retrospectiva auxilia no

Nos anais da Assembleia Nacional Constituinte, verifica-se que houve variadas propostas apresentadas, dentre as quais importa mencionar as do Senador Ruy Bacelar (PMDB/BA), o qual, justificando não bastar mera enunciação de direito na Carta, se o Estado não é compelido a implementá-lo, propunha a seguinte redação:

> Os direitos conferidos por esta Constituição e que dependam de lei ou de providências do Estado serão assegurados por Mandado de Injunção, no caso de omissão do Poder Público.
> Parágrafo único: o mandado de injunção terá o mesmo rito processual do mandado de segurança.

O Senador Virgílio Távora (PDS/CE), participante do processo constituinte, embora tenha falecido antes de sua promulgação, por sua vez, indicava:

> Sempre que se caracterizar a inconstitucionalidade por omissão, conceder-se-á mandado de injunção, observado o rito processual estabelecido para o mandado de segurança.

Percebe-se, desde logo, que o constituinte originário buscava conferir, ao cidadão, um meio apto a lhe dar a possibilidade de controlar a omissão do Poder Público, com o consequente asseguramento de seus direitos constitucionalmente previstos.

Ao chegar à Subcomissão de Direitos e Garantias Individuais, as propostas sofreram alterações, mas a essência foi mantida no anteprojeto apresentado pelo Deputado Darcy Pozza (PDS/RS). *In verbis*:

> Os direitos e garantias constantes desta Constituição têm aplicação imediata. Conceder-se-á mandado de injunção para garantir direitos nela assegurados, não aplicados em razão da ausência de norma regulamentadora, podendo ser requerido em qualquer juízo ou tribunal, observadas as regras de competência da lei processual.

Na Comissão Temática da Soberania e dos Direitos e Garantias do Homem e da Mulher, o anteprojeto acima transcrito sofreu outra modificação. A versão relatada pelo Senador José Paulo Bisol (PMDB/RS) era a seguinte:

---

processo de compreensão do tema, pois trata-se de um remédio constitucional novo, sem precedentes no Brasil e, consoante será exposto no item 4.2, *infra*, nem no direito comparado. Sobre os tradicionais princípios da hermenêutica, ver, por todos: MAXIMILIANO. *Hermenêutica e aplicação do direito*, p. 48.

Conceder-se-á, observado o rito processual do mandado de segurança, sempre que a falta de norma regulamentadora torne inviável o exercício dos direitos e das prerrogativas inerentes à nacionalidade, à soberania do povo e a cidadania.

E foi esse texto, com algumas alterações, o consagrado na Constituição de 1988, no inciso LXXI do artigo 5º, cuja redação final é a que segue:

> Art. 5º
>
> (...)
>
> Conceder-se-á mandado de injunção sempre que a falta de norma regulamentadora torne inviável o exercício dos direitos e das prerrogativas inerentes à nacionalidade, à soberania do povo e à cidadania.

É interessante notar que este remédio constitucional está localizado no Capítulo I da Constituição de 1988, que cuida dos direitos e garantias individuais e coletivos, do Título II, que trata dos direitos e garantias fundamentais, o que confere, a esse instrumento, uma condição de superioridade, sendo intangível pelo fato de ser uma cláusula pétrea, nos termos do artigo 60, §4º, da Constituição.

O mandado de injunção ainda ocupa outros dispositivos da Constituição, que tratam da competência originária e recursal desse instituto.

O artigo 102, I, alínea "q", da Constituição, estabelece a competência originária do Supremo Tribunal Federal, e o inciso II do mesmo artigo, alínea "a", estabelece a competência recursal do Supremo Tribunal Federal e a originária dos Tribunais Superiores.

A seu turno, o artigo 105, inciso I, alínea "h", da Constituição traz a competência originária do Superior Tribunal de Justiça, ressalvando a competência dos órgãos da Justiça Militar, Justiça Eleitoral, Justiça do Trabalho e Justiça Federal. Por sua vez, o artigo 121, §4º, inciso, V, da Constituição, estabelece a competência originária dos Tribunais Regionais Eleitorais e a competência recursal do Tribunal Superior Eleitoral.

No item seguinte, será focada a questão atinente à provável origem desse instrumento, tendo como paradigma o direito comparado, a fim de se aferir se esse é um remédio de criação do constituinte brasileiro de 1988 ou se encontra alguma raiz no direito alienígena.

4.2 Origem

A doutrina que cuida do mandado de injunção tem divergido bastante no tocante à determinação da origem desse instituto. Isso se explica pelo fato de que, consoante já indicado no item 4.1, *supra*, até a Constituição de 1988, não havia, no ordenamento jurídico brasileiro, instituto com o fim pretendido por este remédio constitucional que pudesse servir de parâmetro. Portanto, diante da novidade, para os doutrinadores, a solução foi buscar, no direito estrangeiro, um instituto similar.

Não há unanimidade, na doutrina, quanto à existência — ou não — de outro instituto, no direito alienígena, que se assemelhe ao nosso mandado de injunção e possa ser visto como fonte inspiradora. Diante disso, resta apontar os institutos do direito estrangeiro reputados pelos doutrinadores como prováveis fontes do mandado de injunção.

Para parte da doutrina, o mandado de injunção tem origem no *writ of injunction* do direito inglês, uma ação que surge dentro da noção de equidade (*Equity*), com o objetivo de solucionar determinado caso concreto quando uma norma se mostre inadequada ou insuficiente.

Deveras, define-se *injunction* como um provimento judicial ordenando ou prevenindo uma dada ação; para que a parte pudesse requerer uma injunção, deveria comprovar não haver, no ordenamento, nenhum outro remédio que pudesse amparar seu direito, o qual poderia ser prejudicado de modo irreparável se não recebesse a garantia. A *mandatory injunction*, especificamente, é uma injunção que determina uma ação afirmativa ou impõe uma determinada conduta.[128]

Como defensor dessa corrente, destaca-se José Afonso da Silva,[129] para quem o constituinte brasileiro importou, para o ordenamento jurídico do Brasil, um instituto baseado no juízo de equidade do direito. A equidade seria um instrumento apto a assegurar direitos sem proteção

---

[128] *Black's law Dictionary*, p. 788.

[129] SILVA, José Afonso da. *Curso de direito constitucional positivo*, p. 446, nota 62. Perfilham da mesma corrente, entre outros: TAVARES. *O mandado de injunção como exemplo de recepção de direito*, p. 273-274; SANTOS. *O mandado de injunção*, p. 14; RAMOS. *Remédios constitucionais*: habeas corpus, mandado de segurança, mandado de segurança coletivo, ação popular/ação civil pública, mandado de injunção, habeas data: petição e certidão, inconstitucionalidade por omissão, p. 40; OLIVEIRA. *Mandado de injunção*: da inconstitucionalidade por omissão, p. 18; VITAGLIANO. *Instrumentos processuais de garantia*, p. 170; FIGUEIREDO. *O mandado de injunção e a inconstitucionalidade por omissão*, p. 29; QUARESMA. O mandado de injunção: a chance do cidadão não sofrer omissão na Constituição de 1988. *In*: CAMARGO, Margarida Maria Lacombe (Coord.). *1988-1998*: uma década de Constituição. Rio de Janeiro: Renovar, 1998. p. 285.

suficiente, seja pela ausência de norma legal, seja pela ausência de proteção pelo *Common Law*. Diante dessa situação, através de um juízo discricionário, pautado nos valores sociais e nos princípios de justiça material existentes, o Judiciário outorga o remédio que se fizer necessário.

Nota-se uma peculiaridade na lição de Vicente Greco[130] ao sustentar que a origem histórica do mandado de injunção remonta aos fins do século XIV, na Inglaterra, podendo ser definido como uma ordem de um tribunal, na área civil, para que alguém faça ou deixe de praticar determinado ato ou atos, sob pena de punição pelo desacato à Corte, o que se denominou de *contempt of court*,[131] porque a essência do instituto foi a de corrigir injustiças, no sentido amplo da expressão, mediante uma ordem judicial.

Se a noção de *contempt court* relaciona-se com o desacato à justiça, não há como confundir com o objetivo do mandado de injunção, que caberá nos casos de ausência de norma regulamentadora. Para que fosse possível fazer um paralelo entre os institutos, seria necessário entender que houve um desacato à autoridade da Constituição, o que parece um pouco diverso da finalidade do mandado de injunção.

Diomar Ackel Filho defende que o mandado de injunção teria origem no direito norte-americano, no *Bill of Rights*, especificamente na *Federal Rule 65* e no Regimento Interno da Suprema Corte dos Estados Unidos, o qual prevê um meio impeditivo de execução de ato ou lei, com caráter mandamental proibitório, que obsta os efeitos de decisões que padeçam de vícios essenciais.[132]

Defende-se que a proximidade entre o mandado de injunção e a *injunction* fica ainda mais semelhante quando se compara com a *injunction* do direito norte-americano, sem negar a raiz no direito inglês, com a peculiaridade de proteger os direitos da pessoa humana.[133]

Manoel Gonçalves Ferreira Filho aponta que o mandado de injunção não encontra semelhanças com a *injunction*, uma vez que, por

---

[130] GRECO FILHO. *Tutela constitucional das liberdades*, p. 179.

[131] Ada Pellegrini Grinover entende por *contempt of court* "qualquer ato que tenda a ofender um juiz ou tribunal na administração da justiça, ou a diminuir sua autoridade ou dignidade, incluindo a desobediência a uma ordem" (Abuso do processo e resistência às ordens judiciárias: o "contempt of court". *In*: GRINOVER, Ada Pellegrini. *A marcha do processo*. Rio de Janeiro: Forense Universitária, 2000. p. 68).

[132] ACKEL FILHO. *Writs constitucionais*: habeas corpus, mandado de segurança, mandado de injunção, *habeas data*, p. 113. Sérgio Reinaldo Bacha vê semelhanças, mas acredita que seja mais uma inspiração do que um modelo seguido fielmente pelo constituinte brasileiro (*Mandado de injunção*, p. 37, 40-41).

[133] Partilham dessa conclusão: SILVA. *Curso de direito constitucional positivo*, p. 446, nota 62; GRECO FILHO. *Tutela constitucional das liberdades*, p. 179.

CAPÍTULO 4
O MANDADO DE INJUNÇÃO | 63

meio desta, busca-se um não fazer, enquanto que, por aquela, objetiva-se viabilizar o exercício de um direito, superando-se a falta de norma regulamentadora, o que diferenciaria, de modo bastante claro, os objetos dos institutos.[134]

A seu turno, Hely Lopes Meirelles defende que o *writ of injunction* tem objetivos mais amplos do que os do mandado de injunção, sendo um remédio apto a solucionar questões, tanto de direito público como de privado.[135]

Partindo da definição acima mencionada, é forçoso concluir que há maior semelhança entre a *injunction* e o mandado de segurança do que há com o mandado de injunção.[136]

Buscou-se, ainda, um instituto similar, no direito italiano, que pudesse ser a fonte do mandado de injunção. É mister esclarecer, desde logo, que o ordenamento jurídico italiano alberga duas espécies de *ingiunzione*, uma de natureza processual, outra de natureza tributária, mas que não guardam semelhança com o mandado de injunção do Brasil.

Na primeira espécie, a *ingiunzione* aparenta ser um procedimento sumário destinado a permitir que o credor de uma determinada quantia líquida em dinheiro, de coisa móvel ou de dada quantia fungível, possa, apresentando prova escrita de seu direito, obter um provimento de condenação — o decreto injuntivo — sem que haja prévia intimação da outra parte.[137]

---

[134] FERREIRA FILHO. *Curso de direito constitucional*, p. 318.

[135] MEIRELLES. *Mandado de segurança, ação popular, ação civil pública, mandado de injunção, "habeas data", ação direta de inconstitucionalidade e ação declaratória de constitucionalidade*, p. 252.

[136] Essa é a conclusão de MACHADO. *Mandado de injunção*: um instrumento de efetividade da Constituição, p. 50. Importante destacar, contudo, que a doutrina que cuidou da possível origem do mandado de segurança também diverge acerca da fonte inspiradora desse *writ*. Expressiva parte da doutrina pátria sustenta que esse é um instituto que, apesar de ter semelhanças com instrumentos alienígenas, como o *writ of injunction* ou com o *juízo de amparo*, foi criação do constituinte brasileiro de 1934 (art. 113, n. 33). Exemplificativamente, vale citar DIREITO, Carlos Alberto Menezes. *Manual do mandado de segurança*. 4. ed. Rio de Janeiro: Renovar, 2003. p. 9-10; BUENO, Cassio Scarpinella. *Mandado de segurança*: comentários às leis n. 1.533/51, 4.348/64 e 5.021/66. 2. ed. São Paulo: Saraiva, 2004. p. 6; FIÚZA, Ricardo Arnaldo Malheiros. Mandado de segurança: notícia histórica. *In*: TEIXEIRA, Sálvio de Figueiredo (Coord.). *Mandados de segurança e de injunção*. São Paulo: Saraiva, 1990. p. 50. Adhemar Ferreira Maciel, a esse respeito, afirma que o *writ of injunction* e o *juízo de amparo* foram inspiradores indiretos dos que criaram o mandado de segurança (Mandado de injunção e inconstitucionalidade por omissão. *In*: TEIXEIRA, Sálvio de Figueiredo (Coord.). *Mandados de segurança e de injunção*. São Paulo: Saraiva, 1990. p. 381).

[137] Este é conceito de *injunzione* trazido pela *Enciclopedia garzanti del diritto* (GARBARINO (*a cura di*). *Enciclopedia garzanti del diritto*, p. 709) reforçado na lição de Massimo Cirulli, sobre o tema relativo à injunção — l'ordinza ingiuntiva (*Le condanne anticipate nem processo civili di cogmizione*, p. 206-207). Sobre o tema ver: SANTOS. *O mandado de injunção*, p. 10.

Na segunda, tem-se a *ingiunzione fiscale*, aplicável ao direito tributário, como forma de consentir-se, aos órgãos públicos, a cobrança dos tributos de maneira mais rápida, com a intimação do credor para o pagamento coativamente.[138]

Comparando o mandado de injunção com a *ingiunzione*, do direito italiano, verifica-se, a única identidade que há entre os institutos é relacionada à denominação semelhante.[139] Nada mais justifica a aproximação do novo mandado de injunção com a *ingiunzione*, a qual tem feições muito mais próximas ao processo monitório.

Também existe quem procure semelhanças entre o mandado de injunção e a *injonction de payer*, do direito francês.[140] Contudo, assim como a *injunzione*, a *injonction* está ligada à ideia da ação monitória, uma ação destinada a salvaguardar o direito do credor de acionar o devedor nos casos em que, apesar de não ter o título executivo, tem documentos aptos a comprovar a legitimidade do crédito.[141]

Também existe a corrente que advoga pela origem no direito lusitano, que previa um instrumento para admoestar o Poder competente omisso em suas responsabilidades.[142] Contudo, o que o artigo 283 da Constituição de Portugal prevê é a ação de inconstitucionalidade por omissão, um instituto diferente do mandado de injunção, que busca suprir, no caso concreto, a omissão existente, como já salientado no item 3.3.

---

[138] É o que se depreende do conceito de *injunzione* insculpido na *Enciclopedia garzanti del diritto* [GARBARINO (*a cura di*). *Enciclopedia garzanti del diritto*, p. 709]. Sobre o tema, ver: SANTOS. *O mandado de injunção*, p. 11.

[139] Esta a conclusão de SANTOS. *O mandado de injunção*, p. 11.

[140] Ulderico Pires dos Santos, *Mandado de injunção*: estudos e considerações, p. 31-32. Sobre o assunto, MACHADO. *Mandado de Injunção*: um instrumento de efetividade da constituição, p. 52; ACKEL FILHO. *Writs constitucionais: habeas corpus*, mandado de segurança, mandado de injunção, *habeas data*, p. 114; MOREIRA. *Notas sobre o mandado de injunção*. In: TEIXEIRA, Sálvio de Figueiredo (Coord.). *Mandados de segurança e de injunção*. São Paulo: Saraiva, 1990. p. 406.

[141] Corroborando para esta conclusão, destaca-se que os processualistas pátrios apontam que o procedimento monitório encontra semelhanças e provável origem no procedimento *di ingiunzione*, da Itália e a *injonction de payer*, da França e na Bélgica. Por todos, MARCATO, Antônio Carlos. *O processo monitório brasileiro*. São Paulo: Malheiros, 1998. p. 38.

[142] MACIEL. Mandado de injunção e inconstitucionalidade por omissão. In: TEIXEIRA, Sálvio de Figueiredo (Coord.). *Mandados de segurança e de injunção*. São Paulo: Saraiva, 1990. p. 370-375, e PACHECO. *O Mandado de segurança e outras ações constitucionais típicas*: mandado de segurança, mandado de segurança coletivo, "habeas data", mandado de injunção, ação de inconstitucionalidade, ações constitucionais de responsabilidade civil, ações de desapropriação e ação popular, p. 247.

Aponta-se, outrossim, como provável origem do mandado de injunção, o *Verfassungsbechwerde*, do direito alemão.[143] Por esse instituto, à luz do que dispõe o artigo 93 da Lei Fundamental de Bonn, o Tribunal Constitucional da Alemanha verifica se o cidadão está sofrendo prejuízo pelo poder público em seus direitos fundamentais, podendo declarar inconstitucional a mora legislativa, com a competência de proferir a solução no caso concreto.

Todavia, não é correto atribuir ao *Verfassungsbechwerde* a origem do mandado de injunção, uma vez que, como explanado acima, esse instituto germânico é uma espécie de controle abstrato de constitucionalidade, com natureza de ação direta de inconstitucionalidade.[144]

Não se pode olvidar daqueles que sustentam que, ao conceber o mandado de injunção, o poder constituinte foi inspirado pelo *Juicio de Amparo*, do direito espanhol e repetido no direito mexicano.[145]

Diante das possíveis origens apresentadas e das críticas correspondentes colacionadas, tudo leva a concluir que o mandado de injunção é um instituto criado pelo poder constituinte de 1988, por ter estrutura e finalidade distintas de todos os demais institutos apresentados neste item.

Nesse sentido, Celso Bastos é bastante claro ao afirmar que "a confrontação com a *injunction* do direito americano só leva à conclusão da absoluta singularidade do instituto pátrio".[146]

---

[143]Sobre o tema, ver: MACIEL. *Mandado de injunção e inconstitucionalidade por omissão. In:* TEIXEIRA, Sálvio de Figueiredo (Coord.). *Mandados de segurança e de injunção*. São Paulo: Saraiva, 1990. p. 382-384; MACHADO. *Mandado de injunção*: um instrumento de efetividade da Constituição, p. 53; PIOVESAN. *Proteção judicial contra omissões legislativas*: ação direta de inconstitucionalidade por omissão e mandado de injunção, p. 178; SIDOU, J. M. Othon. *Do mandado de segurança*. 3. ed. São Paulo: Revista dos Tribunais, 1969. p. 188; FARIA. *Controle de constitucionalidade na omissão legislativa*: instrumento de proteção judicial e seus efeitos, p. 73; PFEIFFER, Roberto Augustos Castellanos. *Mandado de injunção*. São Paulo: Atlas, 1999. p. 34-35. Vale destacar, Odyr Porto defende que o *Verfassungsbechwerde* se aproxima mais de nosso mandado de segurança que do mandado de injunção, pois visa impugnar ato de autoridade pública que afronte ao direito constitucional (*Mandado de injunção*: algumas notas para o debate, p. 13).

[144]Essa é a posição adotada por STRECK. *O mandado de injunção no direito brasileiro*, p. 20.

[145]Essa é a conclusão de GOMES. *Mandado de injunção*, p. 15.

[146]BASTOS. *Curso de direito constitucional*, p. 410 e *Comentários à Constituição do Brasil*, obra em co-autoria com Ives Gandra da Silva Martins, v. 2, São Paulo: Saraiva, 2004. p. 356-357. No mesmo diapasão, MORAES, Alexandre de. *Curso de direito constitucional*. São Paulo: Atlas, 2002. p. 162; PFEIFFER, Roberto Augustos Castellanos. *Mandado de injunção*. São Paulo: Atlas, 1999. p. 31; MACHADO. *Mandado de injunção*: um instrumento de efetividade da Constituição, p. 57; BORJA, Célio. O mandado de injunção e o *habeas data*. *Revista Forense*, Rio de Janeiro, v. 85, n. 306, p. 44, abr./jun. 1989; BARBI. Mandado de injunção, *Revista dos Tribunais*, p. 7; PIOVESAN. *Proteção judicial contra omissões legislativas*: ação direta de inconstitucionalidade por omissão e mandado de injunção, p. 178); OLIVEIRA. *Mandado*

Deveras, não obstante se reconheça que há pontos de semelhança entre o mandado de injunção e os institutos do direito estrangeiro apresentados, esses pequenos pontos de contato não autorizam uma equiparação absoluta entre os remédios.

Vale destacar, inclusive, que durante os debates constituintes,[147] houve mais de uma proposta de emenda ao anteprojeto do mandado de injunção, a fim de alterar a denominação dada ao instituto, para evitar comparações com o *writ of injunction*.[148]

Diante da impossível utilização de instrumentos já conhecidos, fez-se necessária a criação de um novo instrumento capaz de assegurar a defesa dos direitos; então surgiu a ideia do mandado de injunção, consoante explanado no item 4.1, *supra*.

4.3 Objeto

Superada a questão relativa à origem do mandado de injunção, bem como do momento no qual esse instrumento foi introduzido no

---

de injunção: da inconstitucionalidade por omissão, p. 20; DANTAS. Mandado de injunção, *Revista dos Tribunais*, p. 728. PASSOS. *Mandado de segurança coletivo, mandado de injunção. habeas data*: Constituição e processo, p. 104; GARCIA. Mandado de injunção. *Revista de Direito Público*, p. 113; CRETELLA JÚNIOR. *Os "writs" na Constituição de 1988*: mandado de segurança, mandado de segurança coletivo, mandado de injunção, *habeas data, habeas corpus*, ação popular, p. 100; BARROSO. *O direito constitucional e a efetividade de suas normas*: limites e possibilidades da constituição brasileira, p. 248; FARIA. *Controle de constitucionalidade na omissão legislativa*: instrumento de proteção judicial e seus efeitos, p. 75; WAMBIER. *Tutela jurisdicional das liberdades públicas*, p. 101-102; OLIVEIRA. *Tutela jurisdicional e Estado democrático de direito*: por uma compreensão constitucionalmente adequada do mandado de injunção, p. 23; CORREIA. *Direito processual constitucional*, p. 52; DI PIETRO, Maria Sylvia Zanella. *Curso de direito administrativo*. 13. ed. São Paulo: Atlas, 2000. p. 440-441; DINIZ. *Controle da inconstitucionalidade por omissão*, p. 60; PORTO. Mandado de injunção: algumas notas para o debate, *Revista de Jurisprudência do Tribunal de Justiça do Estado de São Paulo*, p. 13; SARAIVA. *O mandado de injunção, os direitos sociais e a justiça constitucional*, p. 79-81; BACHA. *Mandado de injunção*, p. 41; BERMUDES. O mandado de injunção, *Revista dos Tribunais*, p. 22; SILVA. *Lineamentos do mandado de injunção*, p. 59; MOREIRA. Notas sobre o mandado de injunção. *In*: TEIXEIRA, Sálvio de Figueiredo. *Mandados de segurança e de injunção*. São Paulo: Saraiva, 1990. p. 407.

[147] Para mais detalhamento do trâmite do mandado de injunção na Assembleia Constituinte ver, por todos: QUARESMA, Regina. *O Mandado de injunção e a ação de inconstitucionalidade por omissão*: teoria e prática. 3. ed. rev. atual. ampl. Rio de Janeiro: Forense, 1999, *passim*.

[148] O constituinte Lavoisier Maia (PSB/RN), por duas vezes, defendeu a substituição do nome "mandado de injunção" por "mandado de concretização" (E nº 3.754, de 02.07.1987, e E nº 510, de 11.07.1988), o constituinte Aloysio Chaves, por sua vez, propôs a denominação "mandado de integração" (E nº 24.218, de 02.09.1987), o constituinte José Egreja sugeriu a substituição por "ação declaratória" (E nº 29.346, de 03.09.1987), todas as propostas de emenda forma rejeitadas. Sobre o processo constituinte, v. PORTO. Mandado de injunção: algumas notas para o debate, *Revista de Jurisprudência do Tribunal de Justiça do Estado de São Paulo*, p. 13-18.

ordenamento jurídico brasileiro, importa tratar de seu objeto, do bem jurídico que visa tutelar.[149]

É interessante apontar a lição de Celso Bastos, para quem a grande diferença, que há entre o mandado de injunção e as demais garantias tradicionais do direito constitucional, como o mandado de segurança ou o *habeas corpus*, é fato de que o mandado de injunção não objetiva assegurar direitos constitucionais feridos por violência ou coação administrativa, ou ilegalidades, mas visa assegurar, ao impetrante, um direito que, contemplado na Constituição, não lhe é deferido pela falta de uma norma regulamentadora que torne viável o exercício do aludido direito.[150]

O inciso LXXI, do artigo 5º, que cuida do mandado de injunção, estabelece que será concedida a injunção sempre que a falta de norma regulamentadora tornar inviável o exercício de direitos e liberdades constitucionais e das prerrogativas inerentes à nacionalidade, à soberania e à cidadania.

Diante da norma constitucional, a primeira questão a solucionar é a extensão dos direitos suscetíveis de tutela por meio do mandado de injunção. Adianta-se que, mais uma vez, a doutrina e a jurisprudência não encontram uma única solução.

Manoel Gonçalves Ferreira Filho sustenta que deve ser feita uma interpretação restritiva do dispositivo constitucional, pelo qual seriam passíveis de tutela por meio do mandado de injunção apenas os direitos fixados nos Capítulo I, que cuida dos direitos e deveres individuais e coletivos, Capítulo III, que trata da nacionalidade, e Capítulo IV, o qual há a disciplina os direitos políticos, todos do Título II, que tutela os direitos e garantias fundamentais.[151]

---

[149] É mister esclarecer que, não obstante parte da doutrina cuide da finalidade do mandado de injunção, isto é, a que fim se destina o instrumento *sub examine*, sob a denominação de objeto, aqui essas questões serão tratadas em momentos distintos. A finalidade do mandado de injunção será exposta no item 4.4.

[150] BASTOS. *Curso de direito constitucional*, p. 411. José Afonso da Silva chega à conclusão semelhante acerca do objeto do mandado de injunção. Para ele, a função do mandado de injunção é fazer com que a norma constitucional seja aplicada em favor do impetrante, independentemente de regulamentação, e exatamente porque não foi regulamentada (*Curso de direito constitucional positivo*, p. 447).

[151] *Curso de direito constitucional*, p. 319. *In verbis*: "O mandado de injunção tem um campo restrito. Cabe 'quando a falta de norma regulamentadora torne inviável o exercício dos direitos e liberdades constitucionais e das prerrogativas inerentes à nacionalidade, à soberania e à cidadania'. Disto resulta que, como é óbvio, não alcança outros direitos, por exemplo, os inscritos direitos sociais. Realmente, a parte final — 'inerentes à nacionalidade, à soberania e à cidadania' — restringe o alcance desse mandado". No mesmo diapasão, ver: CORREIA. *Direito processual constitucional*, p. 53.

A seu turno, Celso Bastos, adotando uma posição intermediária, defende que podem ser objeto de tutela pelo mandado de injunção quaisquer dos direitos previstos no Título II, no qual estão incluídos os direitos sociais, e não apenas aqueles previstos nos capítulos apontados acima.[152]

De outro modo, aqueles, como José Afonso da Silva,[153] adeptos da corrente ampliativa, advogam pela possibilidade de impetração do mandado de injunção para quaisquer direitos constitucionais não regulamentados, independentemente de sua localização topográfica no texto constitucional, uma vez que nenhum direito constitucional pode ser excluído da tutela do mandado de injunção se previsto na Constituição, cujo exercício se encontre obstaculizado pela falta de norma regulamentadora.

E qual seria a razão da diferenciação entre direitos e liberdades, feita pela Constituição? Se é certo que as liberdades previstas na Constituição são direitos, por que o constituinte teria feito essa separação? A resposta vem de Carlos Ari Sundfeld, para quem o poder constituinte separou as liberdades dos direitos a fim de permitir a tutela dos direitos coletivos ou difusos, além dos individuais, por meio do mandado de injunção.[154]

Na sequência, enfrentado o tema da diferenciação existente entre os direitos e liberdades, importa investigar qual teria sido a pretensão do poder constituinte ao conferir essa proteção às prerrogativas inerentes à nacionalidade, à soberania e à cidadania, de forma expressa.

Ao cuidar do tema, Sérgio Bermudes explica já haver sustentado que a proteção das prerrogativas asseguradas pela Constituição seria apenas uma forma pleonástica, redundante, sem valor prático, uma vez que toda prerrogativa seria um direito. Contudo, o doutrinador

---

[152] *Curso de direito constitucional*, p. 242. No mesmo sentido, ver: SANTOS. *O mandado de injunção*, p. 24; PASSOS. *Mandado de segurança coletivo, mandado de injunção e "habeas data"*: Constituição e processo, p. 110-111.

[153] SUNDFELD. Mandado de injunção. *Revista de Direito Público*. p. 148; MORAES. *Mandado de injunção, habeas data, ação popular*, p. 12; SILVA, José Afonso da. Mandado de injunção. *In*: TEIXEIRA, Sálvio de Figueiredo (Coord.). *Mandados de segurança e de injunção*. São Paulo: Saraiva, 1990. p. 398; STRECK. *O mandado de injunção no direito brasileiro*, p. 32; BARROSO, Luís Roberto. Mandado de injunção: perfil doutrinário e jurisprudencial. *Revista de Direito Administrativo*, n. 191, p. 3, jan./mar. 1993.

[154] *Fundamentos de direito público*, p. 148. No mesmo sentido, ver: DANTAS. Mandado de injunção, *Revista dos Tribunais*, p. 728; MEIRELLES. *Mandado de segurança, ação popular, ação civil pública, mandado de injunção,"habeas data", ação direta de inconstitucionalidade e ação declaratória de constitucionalidade*, p. 251; COSTA. Mandado de injunção, *Revista dos Tribunais*, p. 33.

reviu tal conclusão e reconheceu que seu posicionamento anterior ia de encontro à regra de que a Constituição não contém palavras ociosas. Por tal razão, essa repetição seria resultante de uma opção do constituinte de reforçar a importância de tais direitos.[155] Importa destacar, ainda, que, para Carlos Mário Velloso, deve ser conferida uma interpretação ampliativa da disposição constitucional, criticando os defensores de que os direitos e liberdades indicados no inciso LXXI do artigo 5º são apenas aqueles relacionados às prerrogativas inerentes à nacionalidade, à soberania e à cidadania. Para ele, basta uma interpretação literal do texto constitucional para verificar-se que a Constituição separa os direitos e liberdades das prerrogativas com a conjunção aditiva *e*.[156] Assim, além dos direitos e liberdades, é possível amparar as prerrogativas previstas na Constituição, cujo exercício esteja obstado pela falta de norma regulamentadora, através do mandado de injunção.

Vale indicar, neste ponto, o tratamento dedicado pela Constituição a cada uma dessas prerrogativas, as quais o dispositivo que cuida do mandado de injunção menciona.

As prerrogativas inerentes à nacionalidade são aquelas previstas nos artigos 12 e 13 da Constituição, que cuidam da condição de brasileiro do indivíduo, no que tange às formas de perda e aquisição da nacionalidade brasileira e aos cargos privativos dos brasileiros.

As que cuidam da soberania, por sua vez, estão relacionadas à soberania popular, refletida na tutela dos direitos políticos, que abrange o direito à participação popular, seja pelo voto, plebiscito, referendo ou iniciativa popular na elaboração de leis.[157]

No tocante às prerrogativas inerentes à cidadania, a proteção constitucional visa garantir o exercício da participação do cidadão na vida nacional e, por essa razão, devem ser incluídos, no objeto do mandado de injunção, os direitos coletivos e difusos.[158]

Por fim, há, ainda, a corrente liderada por José Carlos Barbosa Moreira, que confere, ao mandado de injunção, um objeto amplíssimo.[159]

---

[155]BERMUDES. O mandado de injunção, *Revista dos Tribunais*. p. 21-22.

[156]VELLOSO. A nova feição do mandado de injunção, *Revista Trimestral de Direito Público*, p. 278-279.

[157]Outra não é a conclusão de Sérgio Reginaldo Bacha, *Mandado de injunção*, p. 143.

[158]Essa é a conclusão de Carlos Ari Sundfeld, *Mandado de injunção*, p. 148.

[159]MOREIRA. Mandado de injunção, *Revista de Processo*, p. 112. Sérgio Bermudes acompanha essa teoria, explicando que as prerrogativas inerentes à nacionalidade, soberania e cidadania asseguradas em normas de hierarquia infraconstitucional também podem ser tuteladas pelo mandado de injunção (O mandado de injunção. *Revista dos Tribunais*, p. 22).

Para essa corrente, o direito infraconstitucional — e não apenas aqueles contidos na Constituição — também poderiam ser tutelados por meio desse *writ*.

Luiz Flávio Gomes chega à mesma conclusão, fundamentando-se, contudo, nos §§1º e 2º do artigo 5º, que estabelecem que as normas definidoras de direitos e garantias expressos na Constituição têm aplicação imediata, não excluindo outros decorrentes do regime e dos princípios adotados pelo texto constitucional, o que permitiria a defesa da possibilidade de que direitos infraconstitucionais não regulamentados sejam amparados pelo mandado de injunção.

Por tratar-se de instrumento que visa salvaguardar direito e garantias constitucionais, é natural e exigível que se interprete da maneira mais abrangente possível, a fim de se atingir sua máxima efetividade, motivo pelo qual o objeto do mandado de injunção deve ser visto como instrumento de grande amplitude, abarcando todos os direitos individuais e coletivos previstos na Constituição Federal.

4.4 Finalidade

Aqui, há mais um ponto de grande divergência doutrinária acerca da finalidade do mandado de injunção, isto é, qual a espécie de provimento jurisdicional que se busca por meio desse instituto.

Em apertada síntese, é possível apontar três possibilidades de orientação interpretativa: a) a *não concretista*,[160] pela qual o mandado de injunção se assemelharia à ação direta de inconstitucionalidade por omissão, resultando na mera comunicação ao órgão omisso; b) a *intermediária*,[161] pela qual, reconhecida a mora, o órgão omisso deveria

---

No mesmo diapasão, ver: GUERRA FILHO, Willis Santiago. Anotações sobre institutos de direito processual civil constitucional no Brasil. *Revista da Procuradoria Geral do Estado do Ceará*, Fortaleza, p. 104-105, 1989.

[160] Esse foi o posicionamento inicial do Supremo Tribunal Federal ao apreciar o MI nº 107-3/DF, consoante será exposto logo a seguir. No mesmo sentido, ver: FERREIRA FILHO, Manoel Gonçalves. *Curso de direito constitucional*, p. 319. *In verbis*: "O alcance do mandado de injunção é análogo ao da inconstitucionalidade por omissão. Sua concessão leva o Poder Judiciário a dar ciência ao Poder competente da falta de norma sem a qual é inviável o exercício de direito fundamental. Não importa no estabelecimento pelo próprio órgão jurisdicional da norma regulamentadora necessária à viabilização dos direitos. Aliás, tal alcance está fora da sistemática constitucional brasileira, que consagra a 'separação dos poderes'". Essa transcrição, apesar de longa, será bastante válida no momento em que se justificar o posicionamento favorável à terceira corrente (concretista).

[161] Adianta-se que o próprio Supremo Tribunal Federal, de algum modo, reviu seu posicionamento e, no MI nº 232-1, decidiu declarar a mora do Congresso Nacional na edição

ser cientificado para suprimir essa omissão e, se não o fizesse, em determinado prazo, tornar-se-ia lícita a concessão do direito pelo Judiciário; c) a *concretista*,[162] [163] pela qual, por meio do mandado de injunção, reconhecer-se-ia a mora e o Judiciário poderia conceder, ao impetrante, o direito ao exercício da norma constitucional, nos termos pleiteados.

O Supremo Tribunal Federal, contudo, como regra, tem proferido decisões menos implementadoras do *writ*, adotando a corrente não concretista.

Com efeito, na história jurisprudencial do mandado de injunção, é considerado como *leading case* o MI n⁰ 107/DF,[164] impetrado por um

---

de norma garantindo a isenção de contribuição para a seguridade social das entidades beneficentes, dando-lhe um prazo de 6 meses para suprir essa ausência, sob pena de, esgotado o prazo, ser conferida de pronto a referida imunidade às entidades beneficentes. No MI nº 283-5, o Supremo Tribunal Federal manteve essa orientação.

[162] MACIEL. Mandado de injunção e inconstitucionalidade por omissão. *In*: TEIXEIRA, Sálvio de Figueiredo (Coord.). *Mandados de segurança e de injunção*. São Paulo: Saraiva, 1990. p. 377; MACHADO. *Mandado de injunção*: um instrumento de efetividade da Constituição, p. 132-133; VELLOSO. As novas garantias constitucionais, p. 14; BARBI. Mandado de injunção. *In*: TEIXEIRA. Sálvio de Figueiredo (Coord.). *Mandados de segurança e de injunção*. São Paulo: Saraiva, 1990. p. 391; CLÈVE. *A fiscalização abstrata da constitucionalidade no direito brasileiro*, p. 376; PIOVESAN. *Proteção judicial contra omissões legislativas*: ação direta de inconstitucionalidade por omissão e mandado de injunção, p. 157-166; THEODORO JÚNIOR. Mandado de injunção. *In*: TEIXEIRA, Sálvio de Figueiredo (Coord.). *Mandados de segurança e de injunção*. São Paulo: Saraiva, 1990. p. 423-430; SIDOU, J. M. Othon. *Habeas corpus, mandado de segurança, mandado de injunção, habeas data, ação popular*. 5. ed. Rio de Janeiro: Forense, 2000. p. 414-415; HAGE, Jorge. *Omissão inconstitucional e direito subjetivo*. Brasília: Brasília Jurídica, 1999. p, 209; SILVA. *Curso de direito constitucional positivo*, p. 448-451; MOREIRA. Mandado de injunção. *Revista de Processo*, p. 111-121; MESQUITA, José Ignácio Botelho de. Exposição de motivos e anteprojeto de lei sobre o mandado de injunção. *O Estado de S.Paulo*, p. 34-35, 26 ago. 1989; ARAUJO; NUNES JUNIOR. *Curso de direito constitucional*, p. 156; BARROSO. *Interpretação e aplicação da Constituição*, p. 268; TEMER. *Elementos de direito constitucional*, p. 207; VIEIRA, Oscar Vilhena. *O Supremo Tribunal Federal*: jurisprudência política. São Paulo: Revista dos Tribunais, 2002. p. 131; CARRAZZA. *Curso de direito constitucional tributário*, p. 354; BACHA. *Mandado de injunção*, p. 262; BERMUDES. O mandado de injunção, *Revista dos Tribunais*. p. 20-24.

[163] A corrente concretista pode ser dividida em concretista geral e concretista individual. Para os que se aliam à corrente concretista geral, a decisão que conceder o mandado de injunção tem eficácia *erga omnes*. A seu turno, para aqueles que se filiam à corrente concretista individual, a decisão que conceder o mandado de injunção tem eficácia *inter partes* apenas. Esta última parece ser mais plausível, tendo em vista que o objeto do mandado de injunção é a tutela do direito subjetivo do impetrante, não da ordem jurídica em geral, essa tutelável pelo controle concentrado de constitucionalidade (ação direta de inconstitucionalidade por omissão). A esse respeito, ver: BARBI. *Mandado de injunção*, p. 391; MOREIRA. Mandado de injunção, *Revista de Processo*, p. 111-121; BERMUDES. O mandado de injunção, *Revista dos Tribunais*, p. 20.

[164] "Mandado de injunção. Estabilidade de servidor público militar. Artigo 42, parágrafo 9º, da Constituição Federal. Falta de legitimação para agir. Esta Corte, recentemente, ao julgar o Mandado de Injunção nº 188, decidiu por unanimidade que só tem 'legitimatio ad causam',

servidor público militar, que pleiteava a regulamentação da estabilidade prevista no §9º do artigo 42 da Constituição Federal. Nesse julgado, foi decidido que o mandado de injunção não seria o instrumento apto a concretizar direitos dos cidadãos. No entender do Supremo Tribunal Federal, em decisão que teve como relator o então Ministro Moreira Alves:

> (...) o mandado de injunção é ação que visa a obter do Poder Judiciário a declaração de inconstitucionalidade por omissão se estiver caracterizada a mora em regulamentar por parte do poder, órgão, entidade ou autoridade de que ela dependa, com a finalidade de que se lhe dê ciência dessa declaração, para que adote as providências necessárias, à semelhança do que ocorre com a Ação Direta de Inconstitucionalidade por Omissão. (...)

Este foi o ponto de partida de toda uma construção jurisprudencial inspirada na corrente não concretista, para a qual por meio do mandado de injunção nada se concretiza, eis que o instituto é equiparável com a ação direta de inconstitucionalidade por omissão.

Vale destacar, entretanto, que, não obstante o citado MI nº 107/DF seja apontado como o *leading case*, quando de seu julgamento, o Supremo Tribunal Federal recorreu a dois precedentes, a saber: MI nº 167.235/RJ, também relatado pelo Ministro Moreira Alves, que tratava de caso análogo ao descrito acima, e o MI nº 188/RJ, este último relatado pelo Ministro Sepúlveda Pertence, por meio do qual Procuradores autárquicos federais, de acordo com o que se depreende da ementa do julgado, pleitearam sua integração nos quadros da Advocacia-Geral da União. Neste segundo caso, o Supremo Tribunal Federal entendeu que "carece, pois, de legitimação 'ad causam', no mandado de injunção, aquele a quem, ainda que aceita provisoriamente a situação de fato alegada, a Constituição não outorgou o direito subjetivo cujo exercício se diz inviabilizado pela omissão de norma regulamentadora".

Verifica-se, assim, que o Supremo Tribunal Federal, ao apreciar as primeiras demandas trazidas em sede de mandado de injunção,

---

em se tratando de mandado de injunção, quem pertença à categoria a que a Constituição Federal haja outorgado abstratamente um direito, cujo exercício esteja obstado por omissão com mora na regulamentação daquele. Em se tratando, como se trata, de servidores públicos militares, não lhes concedeu a Constituição Federal direito à estabilidade, cujo exercício dependa de regulamentação desse direito, mas, ao contrário, determinou que a lei disponha sobre a estabilidade dos servidores públicos militares, estabelecendo quais os requisitos que estes devem preencher para que adquiram tal direito. Precedente do STF: MI nº 235. Mandado de injunção não conhecido" (STF, Tribunal Pleno, MI nº 107/DF, rel. Min. Moreira Alves, j. 21.11.1990, *DJU*, p. 9116, 02 ago. 1991. Decisão: por maioria de votos, vencido o Min. Marco Aurélio, não conheceram do mandado de injunção).

retirou-lhe a força e o sentido, uma vez que entendeu não ser esse instrumento apto a concretizar o direito constitucionalmente previsto. Para esse Tribunal, somente o Poder Legislativo poderia regulamentar o comando constitucional. Daí, conclui-se que o Supremo Tribunal Federal equiparou o mandado de injunção ao instituto da ação direta de inconstitucionalidade por omissão.

Importa destacar que, tratando da finalidade do mandado de injunção, José Carlos Barbosa Moreira[165] critica o posicionamento essencialmente não concretista que fora adotado inicialmente pelo Supremo Tribunal Federal, sob o argumento de que, ao mandado de injunção, deve ser dada a máxima eficácia e que equiparar o mandado de injunção à ação direta de inconstitucionalidade por omissão significaria subtrair-lhe qualquer possibilidade de frutificar.

É inegável que o mandado de injunção e a ação direta de inconstitucionalidade por omissão assemelham-se pelo fato de serem, ambos, instrumentos de controle da omissão, tendo cabimento no caso de ausência de norma regulamentadora de natureza infraconstitucional. Contudo, esse é o único ponto de identificação entre os dois institutos, que se assemelham no ponto de partida, mas seguem caminhos absolutamente distintos, tendo finalidades bastante diversas.

Com efeito, através da ação direta de inconstitucionalidade por omissão, busca-se a elaboração da norma inexistente; pelo mandado de injunção, contudo, pretende-se é a concretização de um direito abstrato, cujo exercício se encontra inviabilizado por falta de norma regulamentadora.

Insta destacar que, felizmente, esse posicionamento não foi adotado em todas as vezes em que o Supremo Tribunal Federal foi provocado a se manifestar em sede de mandado de injunção. Há casos em que adotou outra interpretação, atenuando a rigidez conferida ao instituto quando da apreciação dos primeiros casos.

---

[165] MOREIRA. SOS para o mandado de injunção. *Jornal do Brasil*.

Nessa linha, vale mencionar o MI nº 283/DF,[166] MI nº 284/DF[167] e MI nº 447-1/DF.[168] Nessas demandas, o Supremo Tribunal Federal adotou a

---

[166] "Mandado de injunção: mora legislativa na edição da lei necessária ao gozo do direito à reparação econômica contra a União, outorgado pelo art. 8º, par. 3º, ADCT: deferimento parcial, com estabelecimento de prazo para a purgação da mora e, caso subsista a lacuna, facultando o titular do direito obstado a obter, em juízo, contra a União, sentença líquida de indenização por perdas e danos. 1. O STF admite — não obstante a natureza mandamental do mandado de injunção (MI nº 107-QO) — que, no pedido constitutivo ou condenatório, formulado pelo impetrante, mas, de atendimento impossível, se contém o pedido, de atendimento possível, de declaração de inconstitucionalidade da omissão normativa, com ciência ao órgão competente para que a supra (cf. Mandados de Injunção nº 168, nº 107 e nº 232). 2. A norma constitucional invocada (ADCT, art. 8º, §3º — 'Aos cidadãos que foram impedidos de exercer, na vida civil, atividade profissional específica, em decorrência das Portarias Reservadas do Ministério da Aeronáutica n. S-50-GM5, de 19 de junho de 1964, e n. S-285-GM5 será concedida reparação econômica, na forma que dispuser lei de iniciativa do Congresso Nacional e a entrar em vigor no prazo de doze meses a contar da promulgação da Constituição' — vencido o prazo nela previsto, legitima o beneficiário da reparação mandada conceder a impetrar mandado de injunção, dada a existência, no caso, de um direito subjetivo constitucional de exercício obstado pela omissão legislativa denunciada. 3. Se o sujeito passivo do direito constitucional obstado e a entidade estatal a qual igualmente se deva imputar a mora legislativa que obsta ao seu exercício, é dado ao Judiciário, ao deferir a injunção, somar, aos seus efeitos mandamentais típicos, o provimento necessário a acautelar o interessado contra a eventualidade de não se ultimar o processo legislativo, no prazo razoável que fixar, de modo a facultar-lhe, quanto possível, a satisfação provisória do seu direito. 4. Premissas, de que resultam, na espécie, o deferimento do mandado de injunção para: a) declarar em mora o legislador com relação à ordem de legislar contida no art. 8º, §3º, ADCT, comunicando-o ao Congresso Nacional e à Presidência da República; b) assinar o prazo de 45 dias, mais 15 dias para a sanção presidencial, a fim de que se ultime o processo legislativo da lei reclamada; c) se ultrapassado o prazo acima, sem que esteja promulgada a lei, reconhecer ao impetrante a faculdade de obter, contra a União, pela via processual adequada, sentença líquida de condenação à reparação constitucional devida, pelas perdas e danos que se arbitrem; d) declarar que, prolatada a condenação, a superveniência de lei não prejudicará a coisa julgada, que, entretanto, não impedirá o impetrante de obter os benefícios da lei posterior, nos pontos em que lhe for mais favorável" (STF, Tribunal Pleno, MI nº 283/DF, rel. Min. Sepúlveda Pertence, j. 20.03.1991, *DJU*, p. 16355, 14 nov. 1991. Decisão: por unanimidade, deferiram em parte o mandado de injunção).

[167] "Mandado de injunção. Natureza jurídica. Função processual. ADCT, art. 8º, §3º (portarias reservadas do ministério da aeronáutica). A questão do sigilo. Mora inconstitucional do Poder Legislativo. Exclusão da União Federal da relação processual. Ilegitimidade passiva 'ad causam'. 'Writ' deferido. O caráter essencialmente mandamental da ação injuncional — consoante tem proclamado a jurisprudência do Supremo Tribunal Federal — impõe que se defina, como passivamente legitimado 'ad causam', na relação processual instaurada, o órgão público inadimplente, em situação de inércia inconstitucional, ao qual é imputável a omissão causalmente inviabilizadora do exercício de direito, liberdade e prerrogativa de índole constitucional. No caso, 'ex vi' do parágrafo 3º do art. 8º do Ato das Disposições Constitucionais Transitórias, a inatividade inconstitucional e somente atribuível ao Congresso Nacional, a cuja iniciativa se reservou, com exclusividade, o poder de instaurar o processo legislativo reclamado pela norma constitucional transitória. Alguns dos muitos abusos cometidos pelo regime de exceção instituído no Brasil em 1964 traduziram-se, dentre os vários atos de arbítrio puro que o caracterizaram, na concepção e formulação teórica de um sistema claramente inconivente com a prática das liberdades públicas. Esse

corrente intermediária, com a fixação de prazo à autoridade competente para a elaboração da norma faltante. Na hipótese de permanência da inércia, o impetrante passaria a ter o direito à indenização em vista da omissão inconstitucional.

---

sistema, fortemente estimulado pelo 'perigoso fascínio do absoluto' (COMBLIN, Pe. Joseph. *A ideologia da segurança nacional*: o Poder Militar da América Latina. Tradução de A. Veiga Fialho. 3. ed. Rio de Janeiro: Civilização Brasileira, 1980. p. 225), ao privilegiar e cultivar o sigilo, transformando-o em 'praxis' governamental institucionalizada, frontalmente ofendeu o princípio democrático, pois, consoante adverte Norberto Bobbio, em lição magistral sobre o tema (*O futuro da democracia*. Rio de Janeiro: Paz e Terra, 1986), não há, nos modelos políticos que consagram a democracia, espaço possível reservado ao mistério. O novo estatuto político brasileiro — que rejeita o poder que oculta e não tolera o poder que se oculta — consagrou a publicidade dos atos e das atividades estatais como valor constitucionalmente assegurado, disciplinando-o, com expressa ressalva para as situações de interesse público, entre os direitos e garantias fundamentais. A Carta Federal, ao proclamar os direitos e deveres individuais e coletivos (art. 5º), enunciou preceitos básicos, cuja compreensão é essencial à caracterização da ordem democrática como um regime do poder visível, ou, na lição expressiva de Bobbio, como 'um modelo ideal do governo público em público'. O novo 'writ' constitucional, consagrado pelo art. 5º, LXXI, da Carta Federal, não se destina a constituir direito novo, nem a ensejar ao Poder Judiciário o anômalo desempenho de funções normativas que lhe são institucionalmente estranhas. O mandado de injunção não é o sucedâneo constitucional das funções político-jurídicas atribuídas aos órgãos estatais inadimplentes. A própria excepcionalidade desse novo instrumento jurídico 'impõe' ao Judiciário o dever de estrita observância do princípio constitucional da divisão funcional do poder. Reconhecido o estado de mora inconstitucional do Congresso Nacional — único destinatário do comando para satisfazer, no caso, a prestação legislativa reclamada — e considerando que, embora previamente cientificado no Mandado de Injunção nº 283, rel. Min. Sepúlveda Pertence, absteve-se de adimplir a obrigação que lhe foi constitucionalmente imposta, torna-se 'prescindível' nova comunicação à instituição parlamentar, assegurando-se aos impetrantes, 'desde logo', a possibilidade de ajuizarem, 'imediatamente', nos termos do direito comum ou ordinário, a ação de reparação de natureza econômica instituída em seu favor pelo preceito transitório" (STF, Tribunal Pleno, MI nº 284/DF, rel. para acórdão Min. Celso de Mello, j. 22.11.1992, *DJU*, p. 10103, 26 jun. 1992. Decisão: por unanimidade, extinguiram o processo em parte e, por maioria, deferiram em parte o mandado de injunção).

[168] "Mandado de injunção. Omissão do Congresso Nacional no tocante à regulamentação do §3º do artigo 8º do ADCT. Alcance do mandado de injunção segundo o julgamento do Mandado de Injunção nº 107 com possibilidade de aplicação de providências adicionais nele genericamente admitidas, e concretizadas no julgamento do Mandado de Injunção nº 283. O prazo fixado, no julgamento do Mandado de Injunção nº 283, para o cumprimento do dever constitucional de editar essa regulamentação de há muito se escoou sem que a omissão tenha sido suprida. Não há, pois, razão para se conceder novo prazo ao Congresso Nacional para o adimplemento desse seu dever constitucional, impondo-se, desde logo, que se assegure aos impetrantes a possibilidade de ajuizarem, com base no direito comum, ação de perdas e danos para se ressarcirem do prejuízo que tenha sofrido. Mandado de injunção conhecido em parte, e nela deferido" (STF, Tribunal Pleno, MI nº 447/DF, rel. Min. Moreira Alves, j. 05.05.1994, *DJU*, p. 17495, 01 jul. 1994. Decisão: por maioria, conhecido em parte e nela deferido o mandado de injunção).

No MI nº 232/RJ,[169] o Supremo Tribunal Federal decidiu declarar a mora do Congresso Nacional na edição da norma regulamentadora, garantindo a isenção de contribuição para a seguridade social das entidades beneficentes, dando-lhe um prazo de 6 (seis) meses para suprir essa ausência, sob pena de, esgotado o prazo, conferir de pronto referida imunidade às entidades beneficentes. Esse entendimento foi mantido quando da análise do MI nº 283-5 pelo Supremo Tribunal Federal.

Há que se destacar que, em julgados recentes, o Supremo Tribunal Federal, surpreendendo a alguns, mas acalantando a outros, proferiu importante decisão a respeito do tema, tendo adotado a corrente concretista, em oposição ao julgado tido, até então, como *leading case*.

No âmbito do MI nº 721-DF, o Supremo Tribunal Federal analisou pedido de aposentadoria especial apresentado por Maria Aparecida Moreira, entendendo que, no mandado de injunção, "há ação mandamental e não simplesmente declaratória de omissão. A carga de declaração não é objeto da impetração, mas premissa da ordem a ser formalizada", pelo que, diante da inexistência de disciplina específica da aposentadoria especial, prevista no artigo 40, §4º, da Constituição Federal, determinou a adoção do regime próprio dos trabalhadores em geral prevista no artigo 57, §1º, da Lei nº 8.213/91.

---

[169] "Mandado de injunção. Legitimidade ativa da requerente para impetrar mandado de injunção por falta de regulamentação do disposto no §7º do artigo 195 da Constituição Federal. – Ocorrência, no caso, em face do disposto no artigo 59 do ADCT, de mora, por parte do Congresso, na regulamentação daquele preceito constitucional. Mandado de injunção conhecido, em parte, e, nessa parte, deferido para declarar-se o estado de mora em que se encontra o Congresso Nacional, a fim de que, no prazo de seis meses, adote ele as providências legislativas que se impõem para o cumprimento da obrigação de legislar decorrente do artigo 195, §7º, da Constituição, sob pena de, vencido esse prazo sem que essa obrigação se cumpra, passar o requerente a gozar da imunidade requerida" (STF, Tribunal Pleno, MI nº 232/RJ, rel. Min. Moreira Alves, j. 02.08.1991, *DJU*, p. 3800, 27 mar. 1992. Decisão: por maioria, rejeitada a preliminar e, no mérito, o mandado de injunção foi conhecido em parte e nela deferido). Consoante já adiantado na nota 42, *supra*, esse julgamento merece destaque pelo seu avanço em relação às decisões anteriores, que apenas indicavam a mora, equiparando o mandado de injunção à ação direta de inconstitucionalidade por omissão. Recentemente, o Supremo Tribunal Federal proferiu nova decisão nesse diapasão: "Constitucional art. 8º, §3º do ADCT anistia. Reparação econômica àqueles que foram impedidos de exercerem, na vida civil, atividade profissional. Portarias reservadas do ministério da aeronáutica. Mora do congresso nacional. Projetos de lei vetados pelo chefe do poder executivo. Writ pretende a mudança de orientação deste tribunal, para que este fixe os limites da reparação e acompanhe a execução do acórdão. O tribunal decidiu assegurar, de plano, o direito à indenização, sem constituir em mora o congresso nacional, para, mediante ação de liquidação, independentemente de sentença de condenação, a fixar o valor da indenização. Mandado de injunção deferido em parte" (STF, Tribunal Pleno, MI nº 543/DF, rel. Min. Octávio Gallotti, j. 26.10.2000, *DJU*, p. 55, 24 out. 2002. Decisão: por maioria, vencidos os Ministros Ilmar Galvão, Marco Aurélio e Carlos Velloso, deferido em parte).

O relator, Ministro Marco Aurélio, ao apreciar o pedido, defendeu que o mandado de injunção não visaria à mera declaração da omissão, pelo contrário, *in verbis*:

> É tempo de se refletir sobre a timidez inicial do Supremo quanto ao alcance do mandado de injunção, ao excesso de zelo, tendo em vista a separação e harmonia entre os Poderes. É tempo de perceber a frustração gerada pela postura inicial, transformando o mandado de injunção em ação simplesmente declaratória do ato omissivo, resultando em algo que não interessa, em si, no tocante à prestação jurisdicional, tal como consta no inciso LXXI do artigo 5º da Constituição Federal, ao cidadão.

Com base em tal premissa, o Supremo Tribunal Federal, por unanimidade, julgou o mandado de injunção parcialmente procedente, em decisão assim ementada:

> Mandado de injunção — Natureza. Conforme disposto no inciso LXXI do artigo 5º da Constituição Federal, conceder-se-á mandado de injunção quando necessário ao exercício dos direitos e liberdades constitucionais e das prerrogativas inerentes à nacionalidade, à soberania e à cidadania. *Há ação mandamental e não simplesmente declaratória de omissão. A carga de declaração não é objeto da impetração, mas premissa da ordem a ser formalizada.* Mandado de injunção — Decisão — Balizas. Tratando-se de processo subjetivo, a decisão possui eficácia considerada a relação jurídica nele revelada. Aposentadoria — Trabalho em condições especiais — Prejuízo à saúde do servidor — Inexistência de lei complementar — Artigo 40, §4º, da Constituição Federal. *Inexistente a disciplina específica da aposentadoria especial do servidor, impõe-se a adoção, via pronunciamento judicial, daquela própria aos trabalhadores em geral* — artigo 57, §1º, da Lei nº 8.213/91. (STF, Tribunal Pleno, MI nº 721/DF, rel. Min. Marco Aurélio, j. 30.08.2007, DJ 30.11.2007. Decisão: por unanimidade, parcialmente procedente, grifos nossos)

Especificamente em relação à eficácia da decisão, entendeu a Corte que "tratando-se de processo subjetivo, a decisão possui eficácia considerada a relação jurídica nele revelada", ou seja, foi conferido o efeito individual, tendo sido adotada a corrente concretista individual.

No MI nº 712/PA, impetrado pelo Sindicato dos Trabalhadores do Poder Judiciário do Estado do Pará (SINJEP) contra o Congresso Nacional, em que se pretendia a garantia ao direito de greve, o relator, Ministro Eros Grau, acompanhado pelo Ministro Gilmar Mendes, conheceu do mandado de injunção para, enquanto a omissão não for sanada, aplicar, observado o princípio da continuidade do serviço público, a Lei nº 7.783/89, que dispõe sobre o exercício do direito de greve na iniciativa privada.

Nesta decisão, o Supremo Tribunal Federal salientou "a necessidade de se conferir eficácia às decisões proferidas pelo Supremo no julgamento de mandados de injunção", reconheceu que "a mora, no caso, é evidente e incompatível com o previsto no art. 37, VII, da CF, e que constitui dever-poder deste Tribunal a formação supletiva da norma regulamentadora faltante, a fim de remover o obstáculo decorrente da omissão, tornando viável o exercício do direito de greve dos servidores públicos".[170]

Vale transcrever a ementa do acórdão proferido no âmbito de mencionado processo:

> O Tribunal, por maioria, nos termos do voto do Relator, conheceu do mandado de injunção e *propôs a solução para a omissão legislativa com a aplicação da Lei nº 7.783, de 28 de junho de 1989, no que couber,* vencidos, parcialmente, os Senhores Ministros Ricardo Lewandowski, Joaquim Barbosa e Marco Aurélio, que limitavam a decisão à categoria representada pelo sindicato e estabeleciam condições específicas para o exercício das paralisações. Votou a Presidente, Ministra Ellen Gracie. Não votou o Senhor Ministro Menezes Direito por suceder ao Senhor Ministro Sepúlveda Pertence, que proferiu voto anteriormente. Ausente, justificadamente, a Senhora Ministra Cármen Lúcia, com voto proferido em assentada anterior. (STF, Tribunal Pleno, MI nº 712/PA, rel. Min. Eros Grau, j. 25.10.2007, *DJ* 23.11.2007. Decisão: por maioria, conheceram do mandado de injunção, grifos nossos)

No mesmo diapasão, ao analisar o MI nº 670/ES impetrado pelo Sindicato dos Servidores Policiais Civis do Espírito Santo (SINDIPOL), por meio do qual também se pleiteava a garantia ao exercício do

---

[170] STF, Tribunal Pleno, MI nº 712/PA, rel. Min. Eros Grau, j. 25.10.07, *DJU* 31.10.08. Decisão: O Tribunal, por maioria, nos termos do voto do Relator, conheceu do mandado de injunção e propôs a solução para a omissão legislativa com a aplicação da Lei nº 7.783, de 28 de junho de 1989, no que couber, vencidos, parcialmente, os Senhores Ministros Ricardo Lewandowski, Joaquim Barbosa e Marco Aurélio, que limitavam a decisão à categoria representada pelo sindicato e estabeleciam condições específicas para o exercício das paralisações. Votou a Presidente, Ministra Ellen Gracie. Não votou o Senhor Ministro Menezes Direito por suceder ao Senhor Ministro Sepúlveda Pertence, que proferiu voto anteriormente. Ausente, justificadamente, a Senhora Ministra Cármen Lúcia, com voto proferido em assentada anterior.

direito de greve, o Ministro Gilmar Mendes conheceu da medida para, enquanto não suprida a lacuna legislativa, aplicar a Lei nº 7.783/89, observado o princípio da continuidade do serviço público.

O Ministro Gilmar Mendes entendeu que "a inércia do Poder Legislativo em regular o direito de greve dos servidores públicos acabou por gerar uma preocupante realidade em que se observam inúmeras greves ilegais com sérias conseqüências para o Estado de Direito". E mais: "considerado ainda o enorme lapso temporal dessa inércia, não resta alternativa para o Poder Legislativo quanto a decidir pela regulação ou não do tema, e que cabe, por sua vez, ao Poder Judiciário, intervir de forma mais decisiva, de modo a afastar a inoperância de suas decisões em mandado de injunção, e atuar também nos casos de omissão do Poder Legislativo, tendo em vista as balizas constitucionais que demandam a concretização do direito de greve a todos os trabalhadores".[171]

Dados esses primeiros importantes passos no sentido de conferir, ao mandado de injunção, a eficácia que nos parece mais condizente com o texto constitucional, o Supremo Tribunal Federal manteve esse posicionamento em outras demandas com características semelhantes.

Com efeito, a questão da não regulamentação do §4º do artigo 40 da Constituição Federal, que cuida da aposentadoria especial, se repetiu no MI nº 758/DF, tendo havido a "adoção, via pronunciamento judicial, daquela própria aos trabalhadores em geral — artigo 57, §1º, da Lei nº 8.213/91". É ler a ementa desse julgado:

> Mandado de injunção. Natureza. Conforme disposto no inciso LXXI do artigo 5º da Constituição Federal, conceder-se-á mandado de injunção quando necessário ao exercício dos direitos e liberdades constitucionais e das prerrogativas inerentes à nacionalidade, à soberania e à cidadania. *Há ação mandamental e não simplesmente declaratória de omissão. A carga de declaração não é objeto da impetração, mas premissa da ordem a ser formalizada.* Mandado de injunção. Decisão. Balizas. Tratando-se de processo subjetivo, a decisão possui eficácia considerada a relação jurídica nele revelada. Aposentadoria. Trabalho em condições especiais. Prejuízo à

---

[171] STF, Tribunal Pleno, MI nº 670/ES, rel. Min. Maurício Corrêa, j. 25.10.07, DJ 31.10.08. Decisão: O Tribunal, por maioria, conheceu do mandado de injunção e propôs a solução para a omissão legislativa com a aplicação da Lei nº 7.783, de 28 de junho de 1989, no que couber, vencidos, em parte, o Senhor Ministro Maurício Corrêa (Relator), que conhecia apenas para certificar a mora do Congresso Nacional, e os Senhores Ministros Ricardo Lewandowski, Joaquim Barbosa e Marco Aurélio, que limitavam a decisão à categoria representada pelo sindicato e estabeleciam condições específicas para o exercício das paralisações.

saúde do servidor. Inexistência de lei complementar. Artigo 40, §4º, da Constituição Federal. *Inexistente a disciplina específica da aposentadoria especial do servidor, impõe-se a adoção, via pronunciamento judicial, daquela própria aos trabalhadores em geral — artigo 57, §1º, da Lei nº 8.213/91.* (STF, Tribunal Pleno, MI nº 758/DF, rel. Min. Marco Aurélio, j. 01.07.2008, *DJ* de 26.09.2008. Decisão: por unanimidade, deferido, grifos da transcrição)

O tema da não regulamentação do direito de greve dos servidores públicos civis, previsto no inciso VII do artigo 37 da Constituição Federal, voltou a ser debatido no Supremo Tribunal Federal no âmbito do MI nº 708/DF, em que, mais uma vez, como solução para a omissão legislativa, decidiu-se pela aplicação da lei geral de greve (Lei nº 7.783/89).[172]

No MI nº 795/DF, relatado pela Ministra Cármen Lúcia, seguindo o precedente do MI nº 721/DF, foi garantida, à impetrante, servidora pública, a concessão de aposentadoria especial nos termos da lei geral, em vista da não regulamentação do §4º do artigo 40 da Constituição Federal.[173]

Inclusive, na data de julgamento do MI acima indicado, o plenário do Supremo Tribunal Federal, por unanimidade, concedeu parcialmente a ordem em casos análogos,[174] decidindo pela comunicação da mora legislativa à autoridade coatora competente na regulamentação do §4º do artigo 40 da Constituição Federal, determinando a aplicação do artigo 57 da Lei nº 8.213/91, em sede de processo administrativo.

Na mesma oportunidade, o Supremo Tribunal Federal resolveu questão de ordem suscitada pelo Ministro Joaquim Barbosa[175] para autorizar que os Ministros decidam monocrática e definitivamente

---

[172] STF, Tribunal Pleno, MI nº 708/DF, rel. Min. Gilmar Mendes, j. 25.10.07, *DJ* 31.10.08. Decisão: O Tribunal, por maioria, nos termos do voto do Relator, conheceu do mandado de injunção e propôs a solução para a omissão legislativa com a aplicação da Lei nº 7.783, de 28 de junho de 1989, no que couber, vencidos, parcialmente, os Senhores Ministros Ricardo Lewandowski, Joaquim Barbosa e Marco Aurélio, que limitavam a decisão à categoria representada pelo sindicato e estabeleciam condições específicas para o exercício das paralisações.

[173] STF, Tribunal Pleno, MI nº 795/DF, rel. Cármen Lúcia, j. 15.04.09, *DJ* 08.05.09. Decisão: O Tribunal, por unanimidade, concedeu a ordem, nos termos do voto da Relatora.

[174] MI nº 788/DF, MI nº 795/DF, MI nº 796/DF, MI nº 797/DF, MI nº 808/DF, MI nº 809/DF, MI nº 815/DF, MI nº 825/DF, MI nº 828/DF, MI nº 841/DF, MI nº 850/DF, MI nº 857/DF, MI nº 879/DF, MI nº 905/DF, MI nº 927/DF, MI nº 938/DF, MI nº 962/DF, MI nº 998/DF.

[175] A questão de ordem foi suscitada no âmbito do MI 795/DF, tendo sido criticada pelo Ministro Marco Aurélio, que se pronunciou contrariamente à proposta do Ministro Joaquim Barbosa.

os casos idênticos, o que sinaliza para a manutenção desta linha de entendimento por parte desta Corte.

Tais decisões acenam à esperança de uma mudança jurisprudencial acerca do mandado de injunção, uma vez que confirmam o papel deste como relevante instrumento para a concretização de direitos, liberdades e prerrogativas constitucionais a tantos quantos se sintam impossibilitados pela falta de norma regulamentadora que lhes ofereça meios para esse fim.

O tema atinente à finalidade do mandado de injunção está muitíssimo relacionado aos pressupostos para a impetração desse *writ*, objeto do próximo item.

4.5 Pressupostos

Do mesmo modo que ocorre com os fins pretendidos por esse remédio constitucional, os pressupostos também merecem uma interpretação ampliativa, visando à máxima efetividade do instrumento em análise, com a consequente — e imperiosa — primazia das normas postas na Constituição.

Da leitura do dispositivo constitucional que cuida do mandado de injunção, percebe-se a imprescindibilidade de haver o atendimento a certos pressupostos, para admitir-se a impetração do *writ*, requisitos sem os quais não se pode falar em seu cabimento.

Frise-se que a própria Constituição traz quais os requisitos que o impetrante deve comprovar estarem presentes para que tenha direito à apreciação de seu pedido, veiculado neste remédio constitucional, pelo Poder Judiciário.

A doutrina, também neste ponto, não é uniforme ao comentar quais são os pressupostos constitucionais indispensáveis para a impetração do mandado de injunção. Todavia, conforme se demonstrará a seguir, a ausência de identidade entre a relação dos requisitos está muito mais relacionada à forma de exposição do tema do que à efetiva existência de divergência material entre as correntes. Nem poderia ser diferente, pois não se pode ampliar, nem restringir, o que a Constituição já impôs como condição para o exercício do mandado de injunção.

Aliás, essa conclusão é corolário do princípio da supremacia da Constituição, já tratado no item 2.1, supra, pelo qual não se admite que uma interpretação tenha o condão de viger validamente se estiver em desacordo com o que dispõe a Constituição.[176]

Deveras, uma norma — ou decisão jurisdicional — incompatível com a Constituição não é apenas aquela que nega vigência à norma constitucional, mas também aquela que amplia o rol dos requisitos postos pelo poder constituinte.

Destarte, expõem-se, neste item, as correntes doutrinárias que versam a respeito do tema relativo aos pressupostos, com intuito acadêmico de sistematizar os estudos já feitos pela doutrina.

Nas lições de Celso Bastos,[177] encontra-se a indicação de dois pressupostos para o exercício do mandado de injunção, a saber: a) a existência de um direito constitucional de quem o invoca; e b) a falta de norma regulamentadora que torne o exercício desse direito inviável.[178]

Tratando do mesmo tema, José Afonso da Silva[179] menciona que os pressupostos do remédio em comento são: a) a falta de norma regulamentadora; e b) a condição do impetrante ser beneficiário do direito, liberdade ou prerrogativa inerente à nacionalidade, soberania e cidadania. Conclui que o interesse de agir decorre da titularidade do bem reclamado, para que a sentença proferida tenha utilidade para o demandante.

Regina Quaresma,[180] a seu turno, destaca como pressupostos para o exercício do mandado de injunção: a) a falta de norma regulamentadora de um dispositivo constitucional não autoaplicável;[181] e b) a inviabilização de direito constitucional assegurado em decorrência da ausência dessa norma.[182]

---

[176]Luís Roberto Barroso é bastante claro nesse sentido, ao sustentar que "toda interpretação constitucional se assenta no pressuposto da superioridade jurídica da Constituição sobre os demais atos normativos no âmbito do Estado. Por força da supremacia constitucional, nenhum ato jurídico, nenhuma manifestação pode subsistir se for incompatível com a Lei Fundamental" (*Interpretação e aplicação da Constituição*, p. 161).

[177]BASTOS. *Curso de direito constitucional*, p. 410.

[178]No mesmo sentido, Hely Lopes Meirelles, *Mandado de segurança, ação popular, ação civil pública, mandado de injunção, "habeas data", ação direta de inconstitucionalidade e ação declaratória de constitucionalidade*, p. 252-253; BERMUDES. O mandado de injunção, *Revista dos Tribunais*, p. 21.

[179]SILVA. *Curso de direito constitucional positivo*, p. 447; SILVA. Mandado de injunção. *In*: TEIXEIRA, Sálvio de Figueiredo (Coord.). *Mandados de segurança e de injunção*. São Paulo: Saraiva, 1990. p. 398.

[180]QUARESMA. O Mandado de injunção: a chance do cidadão não sofrer omissão na Constituição de 1988. *In*: CAMARGO, Margarida Maria Lacombe (Coord.). *1988-1998*: uma década de Constituição. Rio de Janeiro: Renovar, 1998. p. 228-229.

[181]Sobre o tema, por todos, ver: SILVA. *Aplicabilidade das normas constitucionais*.

[182]No mesmo diapasão, ver: MACHADO. *Mandado de injunção*: um instrumento de efetividade da Constituição, p. 73.

A seu passo, Sérgio R. Bacha[183] sustenta que, para ser cabível o mandado de injunção, faz-se necessária a existência de requisitos mínimos para sua validade, que, para ele, são três: a) a existência de um direito ou liberdade constitucional ou de uma prerrogativa inerente à nacionalidade, à soberania e à cidadania, b) a falta de norma regulamentadora desse direito ou liberdade constitucional ou prerrogativa, c) a inviabilidade do exercício desse direito ou liberdade constitucional ou prerrogativa, em virtude da falta da norma regulamentadora.

Carlos Mário Velloso, por sua vez, sintetiza que o primeiro requisito a ser verificado é a existência ou não da omissão alegada.[184] Em seguida, deve-se verificar se o dispositivo dependente de intermediação legislativa prevê contornos jurídicos mínimos autorizadores de uma declaração judicial.[185]

Pelo exposto, confirma-se o quanto aduzido no início desse item no tangente à impossibilidade de enumerarem-se, como pressupostos ao exercício do mandado de injunção, condições não constantes do texto constitucional, que expressamente os enumera. São eles: a) a inviabilidade do exercício de direitos e liberdades constitucionais e das prerrogativas inerentes à nacionalidade, à soberania e à cidadania b) em razão da ausência de norma regulamentadora.[186]

---

[183]BACHA. *Mandado de injunção*, p. 47-48. No mesmo sentido, ver: MORAES. *Mandado de injunção, habeas data, ação popular*, p. 11.

[184]No mesmo diapasão, ver: GARCIA. Mandado de injunção, *Revista de Direito Público*. p. 113.

[185]VELLOSO. A nova feição do mandado de injunção, *Revista Trimestral de Direito Público*, p. 289.

[186]Como não poderia deixar de ser, esse também é o entendimento do Supremo Tribunal Federal: "Constitucional. Mandado de injunção. Seguimento negado pelo relator. Competência do relator para negar seguimento a pedido ou recurso: RI/STF, art. 21, §1º; Lei nº 8.038, de 1990, art. 38; CPC, art. 557, redação da Lei nº 9.756/98: constitucionalidade. Mandado de injunção: pressupostos. CF, art. 5º, LXXI. Legitimidade Ativa. I. É legítima, sob o ponto de vista constitucional, a atribuição conferida ao Relator para arquivar ou negar seguimento a pedido ou recurso 3/4 RI/STF, art. 21, §1º; Lei nº 8.038/90, art. 38; CPC, art. 557, redação da Lei nº 9.756/98 3/4 desde que, mediante recurso, possam as decisões ser submetidas ao controle do Colegiado. II. *A existência de um direito ou liberdade constitucional, ou de prerrogativa inerente à nacionalidade, à soberania ou à cidadania, cujo exercício esteja inviabilizado pela ausência de norma infraconstitucional regulamentadora, constitui pressuposto do mandado de injunção.* III. Somente tem legitimidade ativa para a ação o titular do direito ou liberdade constitucional, ou de prerrogativa inerente a nacionalidade, à soberania e à cidadania, cujo exercício esteja inviabilizado pela ausência da norma infraconstitucional regulamentadora. IV. Negativa de seguimento do pedido. Agravo não provido" (STF, Tribunal Pleno, MI nº 375 AgR/PR, rel. Min. Carlos Velloso, jun. 17.03.1999, *DJU*, 23.04.1999, p. 15, grifos da transcrição). No mesmo toar, STF, Tribunal Pleno, MI nº 444/MG, rel. Min. Sydney Sanches, j. un. 29.05.1994, *DJU*, p. 29827, 04 nov. 1994; STF, Tribunal Pleno, MI nº 438/GO, rel. Min. Néri da Silveira, j. un. 11.11.1994, *DJU*, p. 18267, 16 jun. 1995; STF, Tribunal Pleno, MI nº 395 QO/PR, rel. Min.

Nota-se que nenhum dos doutrinadores mencionados deixou de abordar a falta de norma regulamentadora como condição para o regular exercício do mandado de injunção. Diante disso, faz-se mister trazer à baila a discussão sobre o que se deve entender por "norma regulamentadora", para fins de impetrar-se validamente o *writ*, bem como o que se deve compreender por "falta de norma regulamentadora".

4.5.1 A norma regulamentadora

Considerando que o intuito do mandado de injunção, consoante exposto no item 4.4, é viabilizar o exercício de direito constitucional pendente de norma regulamentadora, por norma regulamentadora deve-se entender toda medida capaz de tornar efetiva a norma constitucional.[187]

O conceito de "norma regulamentadora" deve ser compreendido da forma mais abrangente possível,[188] podendo ser representado por lei complementar, lei ordinária, regulamento, resolução, portaria, decisões administrativas, desde que sua ausência inviabilize um direito constitucionalmente protegido.[189]

Importa trazer a proposição de José Cretella Júnior,[190] para quem a norma regulamentadora deve ser entendida como a regra jurídica

---

Moreira Alves, j. un. 27.05.1992, *DJU*, p. 14712, 11 set. 1992; STF, Tribunal Pleno, MI nº 81 AgR/DF, rel. Min. Nelson Jobim, j. un. 19.12.1991, *DJU*, p. 6781, 15 maio 1992 e STF, Tribunal Pleno, MI nº 16 QO/DF, rel. Min. Nelson Jobim, j. un. 20.10.1988, *DJU*, p. 28685, 04 nov. 1988.

[187] SILVA. *Curso de direito constitucional positivo*, p. 447-448.

[188] Nesse sentido, Flávia Piovesan entende que deve ser feita uma interpretação sistemática da Constituição, conferindo às garantias constitucionais a mais ampla eficácia (*Proteção judicial contra omissões legislativas*: ação direta de inconstitucionalidade por omissão e mandado de injunção, p. 135).

[189] ACKEL FILHO, Diomar. *Writs constitucionais: habeas corpus*, mandado de segurança, mandado de injunção, *habeas data*, p. 123; PIOVESAN. *Proteção judicial contra omissões legislativas*: ação direta de inconstitucionalidade por omissão e mandado de injunção, p. 135; COSTA. Mandado de injunção, *Revista dos Tribunais*, p. 33; MOREIRA, Wander Paulo Marotta. Notas sobre o mandado de injunção. *In*: TEIXEIRA, Sálvio de Figueiredo (Coord.). *Mandados de segurança e de injunção*. São Paulo: Saraiva, 1990. p. 411. No mesmo sentido é a lição de Carlos Augusto Alcântara Machado, que acrescenta que a norma regulamentadora deve ser entendida como uma norma de qualquer grau hierárquico. Assim, a expressão norma regulamentadora não se resume às espécies normativas previstas no art. 59 da Constituição Federal (*Mandado de Injunção*: um instrumento de efetividade da Constituição, p. 73-75).

[190] CRETELLA JÚNIOR. *Os "writs" na Constituição de 1988*: mandado de segurança, mandado de segurança coletivo, mandado de injunção, *habeas data*, *habeas corpus*, ação popular, p. 103.

CAPÍTULO 4
O MANDADO DE INJUNÇÃO | 85

ordinária, nunca o regulamento em sentido estrito, porque o mandado de injunção foi elaborado, pelo poder constituinte, como uma forma de pressionar o legislador infraconstitucional a realizar sua missão regulamentadora.

Vale acrescentar que, para Celso Antônio Bandeira de Mello, o mandado de injunção apresenta-se como um meio apto a controlar a inércia administrativa, mas não exclui a concepção mais ampla da norma regulamentadora.[191]

Percebe-se, assim, que regulamentar um dispositivo é complementá-lo, através da criação de órgãos, autoridades, normas jurídicas ou processos necessários à aplicação da norma constitucional.

É interessante a classificação trazida por Randolpho Gomes, para quem a falta de norma regulamentadora pode ser real, quando a própria Constituição remete a outra esfera a complementação, ou hipotética, quando depende de um ato burocrático qualquer, concluindo que, em ambos os casos, cabe o mandado de injunção.[192]

Verifica-se, portanto, que o legislador constituinte se referiu à norma regulamentadora, deixando, contudo, de especificá-la, permitindo concluir que devem ser abrangidos todos os seus tipos, do mais elevado grau aos mais simples atos administrativos,[193] [194] desde que tenham seu fundamento de validade material[195] previsto na Constituição.

Assim, é correta a conclusão de que a exigência não está relacionada à espécie normativa faltante, mas ao fato de que sua ausência resulta na inviabilidade do exercício de direito constitucionalmente previsto.

---

[191] *Curso de direito administrativo*, p. 216.

[192] GOMES. *Mandado de injunção*, p. 28.

[193] Para Flávia Piovesan, deve-se entender por norma regulamentadora toda medida que torna a norma constitucional efetiva, pelo que deve ser admitido mandado de injunção inclusive em face de omissão na produção de atos administrativos ou ato material, no caso das normas programáticas referidas ao Poder Público (*Proteção judicial contra omissões legislativas*: ação direta de inconstitucionalidade por omissão e mandado de injunção, p. 136).

[194] Desse modo, a norma regulamentadora deve ser compreendida como "norma jurídica" que, para Kelsen, é uma espécie de comando ou imperativo, prescrito por órgãos jurídicos, dotados de competência para tanto (*Teoria pura do direito*, p. 80-81).

[195] Carlos Augusto Alcântara Machado confere uma amplitude maior ao mandado de injunção, ao admitir mandado de injunção em face de omissões indiretamente aferíveis da Constituição (*Mandado de injunção*: um instrumento de efetividade da Constituição, p. 73).

4.5.2 A falta de norma regulamentadora

Superada a questão do que se deve entender por norma regulamentadora, vale discutir qual a compreensão esperada para a ausência de norma regulamentadora para fins do manejo do mandado de injunção.

Dúvida não há de que a Constituição é bastante clara ao apontar a necessidade de que haja seja cabível o uso do mandado de injunção nas hipóteses em que *falte* norma regulamentadora. Mas o que se deve entender por falta de norma, para fins de impetração do mandado de injunção?

Nesse ponto, não se pretende esgotar a importante discussão acerca da existência — ou não — de lacuna no ordenamento jurídico como um todo,[196] mas tão somente o ponto atinente à compreensão que se deve ter da ausência de norma regulamentadora, para fins de cabimento do mandado de injunção.

A situação do mandado de injunção não é a de lacuna, uma vez que há previsão normativa de um direito na Constituição, mas de dificuldade de aplicação concreta desse direito constitucional, pela ausência de norma regulamentadora que viabilize o seu exercício. No caso do mandado de injunção, o fato de haver previsão jurídica no texto constitucional de um dado direito, já coloca a questão no mundo jurídico, não sendo viável falar que há uma lacuna.[197]

Na realidade, ocorre é uma ausência de regulamentação de uma norma de eficácia programática,[198] o que inviabiliza o indivíduo de exercer, na prática, direito que, constitucionalmente, lhe foi garantido.

---

[196] Para não deixar a questão em aberto, traz-se a conceituação de lacuna indicada por Maria Helena Diniz, para quem "a lacuna constitui um estado incompleto do sistema, que deve ser colmatado ante o princípio da plenitude do sistema jurídico". Importa destacar que, apesar de sustentar que há lacunas, Maria Helena Diniz sustenta que o próprio dinamismo do direito apresenta a solução para qualquer caso *sub judice*. O próprio sistema oferece meios para se colmatar as lacunas (*Norma constitucional e seus efeitos*, p. 23). O que Maria Helena Diniz denomina de princípio da plenitude, Norberto Bobbio trata por dogma da completude, o qual exige que se veja o ordenamento jurídico completo a fim de que não se abra mão do monopólio estatal na produção das normas jurídicas, e, consequentemente, Bobbio também não admite a existência de lacunas no ordenamento (*Teoria do ordenamento jurídico*, p. 119-127). Sobre o tema, ver, ainda: MACHADO. *Mandado de injunção*: um instrumento de efetividade da constituição, p 116-120; KELSEN. *Teoria pura do direito*, p. 273-277; FERRAZ JÚNIOR. *Introdução ao estudo do direito*: técnica, decisão, dominação, p. 217-222.

[197] SILVA, Volney Zamenhof de Oliveira. *Lineamentos do mandado de injunção*. São Paulo: Revista dos Tribunais, 1993. p. 77-83.

[198] José Afonso da Silva traz, dentre as classificações das normas constitucionais, como já adiantado no item 3.2, *supra*, as normas programáticas, como uma subclassificação das normas constitucionais de eficácia limitada (*Aplicabilidade das normas constitucionais*, p. 135-163). Vale, ainda, relembrar que Celso Bastos e Carlos Ayres Britto também apontam uma classificação diversa, denominado esse tipo de norma de norma de integração completável (*Interpretação e aplicação das normas constitucionais*, p. 48-50).

Exige-se, desse modo, uma "lacuna técnica", isto é, a existência de um nexo causal entre o *vacuum juris* e a impossibilidade do exercício dos direitos e liberdades constitucionais e das prerrogativas inerentes à nacionalidade, à soberania e à cidadania.[199]

Carlos Ari Sundfeld sustenta que a mera ausência de norma regulamentadora não implica na possibilidade do uso do mandado de injunção, sendo indispensável que a norma faltante seja *condição de operatividade de comando constitucional.*[200]

Tem-se, assim, que a concessão da injunção pleiteada depende de uma relação jurídica de causa e efeito. A causa é representada pela falta de norma regulamentadora, cuja consequência é a inviabilidade do exercício de direitos e liberdades constitucionais e das prerrogativas inerentes à nacionalidade, à soberania e à cidadania.[201]

Para fins de impetração do mandado de injunção, não parece ser necessário que a falta de regulamentação seja total, bastando que não haja como exercer integralmente um dos direitos ou liberdades apontados na Constituição.

Verifica-se, contudo, que o maior obstáculo para o sucesso do mandado de injunção, na prática, é o preenchimento dos pressupostos acima assinalados.

Infelizmente, muitas decisões são marcadas pelo excesso de rigor formal, pela interpretação de bloqueio que tem marcado o mandado de injunção desde que surgiu no ordenamento jurídico, consoante já indicado neste capítulo, item 4.4, e conforme será exposto no item 5.2 do próximo capítulo.

---

[199] "Mandado de injunção. Situação de lacuna técnica. Pressuposto essencial de sua admissibilidade. Pretendida majoração de vencimentos devidos a servidores públicos Alteração de lei já existente. Inviabilidade. Agravo Regimental improvido. A estrutura constitucional do mandado de injunção impõe, como um dos pressupostos essenciais de sua admissibilidade, a ausência de norma regulamentadora. Essa situação de lacuna técnica — que se traduz na existência de um nexo causal entre o *yacuum juris* e a impossibilidade do exercício dos direitos e liberdades constitucionais e das prerrogativas inerentes à nacionalidade, a soberania e a cidadania constitui requisito necessário que condiciona a própria impetrabilidade desse novo remédio instituído pela Constituição de 1988. O mandado de injunção não constitui, dada a sua precípua função jurídico-processual, sucedâneo de ação judicial que objetive, mediante alteração de lei já existente, a majoração de vencimentos devidos a servidores públicos. Refoge ao âmbito de sua finalidade corrigir eventual inconstitucionalidade que infirme a validade de ato estatal em vigor" (STF, Tribunal Pleno, MI nº 81 AgR/DF, rel. Min. Celso de Mello, j. un. 20.04.90, *DJU*, p. 4603, 25 maio 1990).

[200] SUNDFELD. *Mandado de injunção*, p. 147. No mesmo diapasão, ver: MACHADO. *Mandado de injunção*: um instrumento de efetividade da Constituição, p. 74.

[201] PIOVESAN. *Proteção judicial contra omissões legislativas*: ação direta de inconstitucionalidade por omissão e mandado de injunção, p. 135.

Em razão do quase desuso do mandado de injunção, em virtude da interpretação restritiva do instrumento em análise, desde sua criação, Luís Roberto Barroso, não obstante reconheça o seu importante papel na difusão da consciência de uma Constituição efetiva, propugnou pela retirada do *writ* do sistema constitucional. Barroso sustentou ser mais interessante uma reforma na redação do §1º do artigo 5º da Constituição, conferindo ao juiz natural a competência para atribuir, ao peticionário, o direito pleiteado, com fundamento na regra de que as normas definidoras de direito subjetivo constitucionais têm aplicação direta e imediata. Para ele, portanto, o mandado de injunção seria um instituto dispensável, por ser "quando não um óbice, ao menos um complicador desnecessário à realização dos direitos".[202]

Data maxima venia, não parece ser necessária a revogação do dispositivo que contempla o instrumento do mandado de injunção em função das decisões até então proferidas. A mera inserção de determinação como esta sugerida, *per se*, não traria a segurança de que o judiciário adotaria postura mais avançada no sentido de implementar as normas jurídicas postas na Constituição. Assim, a manutenção do remédio do mandado de injunção no texto constitucional é importante e valiosa na busca da efetividade das normas constitucionais.

Assim, parece-nos mais acertado adotar-se uma interpretação de otimização do instituto estudado, atribuindo-lhe "máxima eficácia".[203] Assim, conclui-se que, havendo um dispositivo constitucional mal regulamentado, seja pelo fato de a norma regulamentadora ser incompleta, seja pelo fato de ser ela uma norma flagrantemente inconstitucional, seria possível fazer uso do mandado de injunção em vista da existência de uma lacuna técnica.

Pois bem, o uso do mandado de injunção em hipóteses em que haja norma inconstitucional será tema do capítulo 5, *infra*.

---

[202] A redação sugerida seria "as normas definidoras de direito subjetivo constitucionais têm aplicação direta e imediata. Na falta de norma regulamentadora necessária ao seu pleno exercício, formulará o juiz competente a regra que regerá o caso concreto submetido à sua apreciação, com base na analogia, nos costumes e nos princípios gerais do direito" (BARROSO. *Interpretação e aplicação da Constituição*, p. 271-272).

[203] Sobre o tema, ver: MOREIRA, José Carlos Barbosa. S.O.S para o mandado de injunção. *Jornal do Brasil*; BARROSO. *Interpretação e aplicação da Constituição*, p. 271-272.

CAPÍTULO 5

O CONTROLE DA OMISSÃO INCONSTITUCIONAL POR MEIO DO MANDADO DE INJUNÇÃO

5.1 A hermenêutica constitucional

As normas jurídicas, elaboradas de forma genérica e abstrata, necessitam, quando de sua aplicação, que haja a interpretação de seu texto, momento no qual se dá a sua individuação. Às técnicas, colocadas à disposição do intérprete para a concretização das normas, dá-se o nome de hermenêutica.[204]

A hermenêutica é a ciência responsável por fornecer subsídios e regras a serem utilizadas na atividade interpretativa.

---

[204] Ensina Celso Bastos que "a interpretação faz a ordem jurídica funcionar, tornando o Direito operativo". BASTOS. *Hermenêutica e interpretação constitucional*, p. 157. Sobre o tema, ver, ainda: GRAU. *Ensaio e discurso sobre a interpretação/aplicação do direito*, p. 19; HART. *Conceito de direito*, p. 220.

Para Celso Bastos, a interpretação é uma arte; vale dizer, a hermenêutica seria comparada às tintas postas à disposição do pintor, o qual as utiliza de maneira livre, com maior ou menor escala ou intensidade. A interpretação, por sua vez, seria a obra dotada de sentimento de persuasão, convencimento, por visar atribuir um significado a um dado objeto, pelo que perde a frieza e neutralidade típicas da hermenêutica.[205]

Umbilicalmente ligada ao conceito de hermenêutica, está a análise do que se deve compreender por interpretação da Constituição, a qual se diferencia da hermenêutica comum dos demais textos normativos. Nesse sentido, vale transcrever a lição de Celso Bastos, para quem:

> Interpretar é atribuir um sentido ou significado a signos ou símbolos dentro de determinado parâmetro.
>
> (...)
>
> A interpretação é atividade que procura imprimir uma vontade do texto a ser interpretado, de modo que esse possa incidir no caso concreto.[206]

Assim, não seria incorreto concluir que a interpretação é a aplicação das regras hermenêuticas, sendo esta a ciência que estuda o processo de interpretação, sendo aquela anterior a esse processo, por preestabelecer as diretrizes da atividade interpretativa.[207]

---

[205] BASTOS. *Hermenêutica e interpretação constitucional*, p. 34-35. Vale, ainda, mencionar que Francesco Ferrara explica que a interpretação é única, o que variam são os meios empregados. *Interpretação e aplicação das leis*, p. 24. No mesmo diapasão, Luís Roberto Barroso acrescenta ainda um outro instituto bastante importante: a construção. Consoante lição do constitucionalista, a Constituição contém diversas normas principiológicas que, não obstante sejam carecedoras de concretude, têm o condão de orientar o intérprete, pois contém as diretrizes constitucionais. Em suas palavras, "construção significa tirar conclusões a respeito de matérias que estão fora e além das expressões contidas no texto e dos fatores nele considerados. São conclusões que se colhem no espírito, embora não na letra da norma" (*Interpretação e aplicação da constituição*, p. 103-104). Ainda sobre o tema, ver: DIMOLIS, Dimitri. Moralismo, positivismo e pragmatismo na interpretação do direito constitucional. *Revista dos Tribunais*, v. 769, p. 15, 1999.

[206] BASTOS. *Hermenêutica e interpretação constitucional*, p. 28-30. No mesmo sentido, CANOTILHO. *Direito constitucional e teoria da Constituição*, p. 1184-1185.

[207] Nesse sentido, Limongi França, citado por Celso Bastos: "A interpretação, portanto, consiste em aplicar as regras, que a hermenêutica perquire e ordena, para o bom entendimento dos textos legais" (FRANÇA. *Hermenêutica jurídica*, p. 4).

Vale destacar que, classicamente, apontam-se, como critérios hermenêuticos, os métodos gramatical,[208] lógico,[209] teleológico objetivo[210] e histórico,[211] cada qual com sua peculiaridade, sem prejuízo de poderem ser adotados em conjunto.

Dentre as normas de hermenêutica jurídica comum, importa mencionar as dispostas na Lei de Introdução ao Código Civil, Decreto-Lei nº 4.657/42, dentre as quais se cita a constante do artigo 4º, determinando que "quando a lei for omissa, o juiz decidirá o caso de acordo com a analogia, os costumes e os princípios gerais de direito".

Ao seu turno, a hermenêutica constitucional, tema de importância ímpar na atualidade,[212] tem princípios, especificidades e complexidades próprias, o que, contudo, não exclui a aplicação das demais regras da hermenêutica jurídica geral, acima delineadas.[213]

Esse tratamento peculiar das regras hermenêuticas constitucionais é justificado pelo papel exercido pela Constituição no ordenamento

---

[208] O método gramatical, também denominado de critério semântico, literal ou filológico, é aquele que tem por critério os princípios da linguística, ocupa-se da análise das palavras, sua conexão linguística e estilística. Sobre o tema ver: BASTOS. *Hermenêutica e interpretação constitucional*, p. 57-58; CASTRO. *Interpretação constitucional e prestação jurisdicional*, p. 40-46; BULOS. *Manual de interpretação constitucional*, p. 22-23.

[209] Por esse método, busca-se alcançar a coerência daquilo que o texto legal traz, sua compatibilidade com o todo, desconsiderando elementos exteriores ao objeto de análise. Celso Bastos atribui a esse método a denominação de método sistemático. A esse respeito, ver: BASTOS. *Hermenêutica e interpretação constitucional*, p. 61-62; CASTRO. *Interpretação constitucional e prestação jurisdicional*, p. 46-48; BULOS. *Manual de interpretação constitucional*, p. 23.

[210] Diferentemente do que se dá no uso do método lógico, aqui, busca-se a finalidade almejada pela norma, os valores sociais que pretende atingir. Celso Bastos trata o método teleológico como sinônimo de lógico. Sobre o assunto, ver: BASTOS. *Hermenêutica e interpretação constitucional*, p. 60-61; CASTRO. *Interpretação constitucional e prestação jurisdicional*, p. 51-53; BULOS. *Manual de interpretação constitucional*, p. 23.

[211] Pelo método histórico, o intérprete deve perquirir quais são os antecedentes da norma em análise; deve investigar, assim, as discussões havidas quando da elaboração da norma, o contexto no qual se insere. Para mais, ver: BASTOS. *Hermenêutica e interpretação constitucional*, p. 58-60; CASTRO. *Interpretação constitucional e prestação jurisdicional*, p. 48-51; BULOS. *Manual de interpretação constitucional*, p. 23.

[212] Nesse toar, Uadi Lammêgo Bulos leciona que "a interpretação constitucional é, nos nossos dias, um dos maiores desafios colocados para o aplicador do Direito e um dos campos mais fecundos e prioritários do labor científico dos juristas" (BULOS. *Manual de interpretação constitucional*, p. 5). Ver, ainda: SALGADO, Joaquim Carlos. Princípios hermenêuticos dos direitos fundamentais. *In*: MERLE, Jean-Christophe; MOREIRA, Luiz (Org.). *Direito e legitimidade*. São Paulo: Landy, 2003. p. 205-207.

[213] Nessa orientação, TAVARES. *Curso de direito constitucional*, p. 71; BASTOS. *Hermenêutica e interpretação constitucional*, p. 105; MIRANDA. *Teoria do Estado e da Constituição*, p. 451; HESSE. *Escritos de derecho constitucional*, p. 40; MONCADA. *Estudos de direito público*, p. 435-436; BULOS. *Manual de interpretação constitucional*, p. 14-15; GUERRA FILHO. *Teoria processual da Constituição*, p. 175-176.

jurídico, produto do poder constituinte, fonte de todo o sistema de normas do Estado, dotada, pois, de superioridade em relação aos demais instrumentos normativos.[214]

Outro fator a justificar uma hermenêutica própria para a interpretação constitucional é o caráter tipicamente aberto das normas contidas na Constituição, que, no mais das vezes, contém princípios ou programas.[215]

Destaque-se que essa abertura permite a "atualização" das normas constitucionais, a fim de que o texto constitucional se mantenha compatível com os anseios da sociedade, sem haver a necessidade de constante alteração das normas ali dispostas.

André Ramos Tavares, a esse respeito, assevera ser, a Constituição, "uma entidade viva, que interage com a situação histórica, com o desenvolvimento da sociedade".[216]

Ademais, cumpre tratar, também, do papel político que tem a interpretação constitucional, reforçando a tese de que há a necessidade de uma hermenêutica própria. Com efeito, não obstante a Constituição seja um texto jurídico, suas normas regulam situações marcadamente políticas, pelo que não se deve ter uma interpretação estritamente política da Constituição, mas não é possível, por outro lado, negar a influência, que há, do político sobre o jurídico. Assim, o intérprete deve considerar não apenas as normas postas no bojo da Constituição, mas atentar, outrossim, para os "valores políticos" que permeiam o texto constitucional.[217]

---

[214] Nesse mesmo diapasão, ver: BASTOS. *Hermenêutica e interpretação constitucional*, p. 109; CANOTILHO. *Direito constitucional e teoria da Constituição*, p. 1192;. BARACHO. *Processo constitucional*, p. 354-364; HESSE. *Escritos de derecho constitucional*, p. 35-36; VIGO. *Interpretación constitucional*, p. 193-201.

[215] E esse respeito, ver: TAVARES. *Curso de direito constitucional*, p. 74-75; HESSE. *Escritos de direito constitucional*, p. 34.

[216] TAVARES. *Tribunal e jurisdição constitucional*, p. 7. Sobre a mutação normativa informal, BASTOS. *Hermenêutica e interpretação constitucional*, p. 162; ÁLVAREZ CONDE. *Curso de derecho constitucional*, v. 1, p. 156; CANOTILHO. *Direito constitucional e teoria da Constituição*, p. 236-239, 1212-1214; SILVA. *Poder constituinte e poder popular*: estudos sobre a Constituição, p. 279-298; HESSE. *Constitución e derecho constitucional*, p. 6-7; HESSE. *Escritos de derecho constitucional*, p. 28.

[217] Chegam a essa conclusão: BASTOS; BRITTO. *Interpretação e aplicabilidade das normas constitucionais*, p. 17; GRAU. *Ensaio e discurso sobre a interpretação/aplicação do direito*, p. 184-185; CANOTILHO. *Direito constitucional e teoria da Constituição*, p. 1191-1192; BONAVIDES. *Curso de direito constitucional*, p. 494; BULOS. *Manual de interpretação constitucional*, p. 7-8. Vale destacar a lição de Konrad Hesse, para quem o intérprete deve identificar "a prévia vontade objetiva da Constituição" (HESSE. *Escritos de derecho constitucional*, p. 37). Como exemplo de decisão emblemática, que confirma o papel político desempenhado pela Constituição, é a proferida pelo Supremo Tribunal Federal em sede de Ação Declaratória

Importa refrisar que os métodos hermenêuticos não são excludentes, pelo contrário, são relativos e complementares. Desse modo, os métodos complementam-se, formam o que se denominou de "unidade interpretativa".[218]

Por tal razão, para encontrar o significado mais preciso e coerente da norma contida na Constituição, no momento da análise do texto constitucional, o intérprete deve utilizar todos os métodos colocados à sua disposição visando conferir-lhe a máxima efetividade.

A esse respeito, vale mencionar que Konrad Hesse considera ter, a interpretação, um significado decisivo para a consolidação e preservação da força normativa da Constituição, devendo estar "submetida ao princípio da ótima concretização da norma". Acrescenta que "a interpretação adequada é aquela que consegue concretizar de forma excelente o sentido (*Sinn*) da proposição normativa".[219]

---

de Constitucionalidade apresentada diante da Medida Provisória n⁰ 2.152-2, de 1⁰ de junho de 2001, que instituiu a Câmara de Gestão da Crise de Energia Elétrica, do Conselho de Governo, estabelecendo diretrizes para programas de enfrentamentos da crise de energia elétrica, que impôs o que ficou conhecido como "apagão". A decisão foi assim ementada: "Ação declaratória de constitucionalidade. 2. Artigos 14, 15, 16, 17 e 18, da Medida Provisória n⁰ 2.152-2, de 1⁰ de junho de 2001, que cria e instala a Câmara de Gestão da Crise de Energia Elétrica, do Conselho de Governo, estabelecendo diretrizes para programas de enfrentamentos da crise de energia elétrica, dando outras providências. 3. Afirmação de controvérsia judicial relevante sobre a constitucionalidade dos dispositivos, objeto da ação. 4. Pedido de concessão de medida liminar com eficácia *erga omnes* e efeito vinculante até o julgamento definitivo da ação para: '(a) sustar a prolação de qualquer decisão, cautelar, liminar ou de mérito e a concessão de tutelas antecipadas, que impeça ou afaste a eficácia dos arts. 14, 15, 16, 17 e 18 da Medida Provisória n⁰ 2.152-2, de 1⁰ de junho de 2001; (b) suspender, com eficácia *ex tunc*, os efeitos de quaisquer decisões, cautelares, liminares ou de mérito e a concessão de tutelas antecipadas, que tenham afastado a aplicação dos preceitos da citada Medida Provisória'. 5. Pressupostos de conhecimento comprovados, afastada a invocação de ofensa ao art. 62 da Constituição. 6. Deferida cautelar para suspender, com eficácia *ex tunc*, e com efeito vinculante, até final julgamento da ação, a prolação de qualquer decisão que tenha por pressuposto a constitucionalidade ou a inconstitucionalidade dos artigos 14 a 18 da Medida Provisória n⁰ 2.152-2, de 1⁰ de junho de 2001. 7. Os votos minoritários, inclusive o do relator, indeferiam a cautelar, não dando pela plausibilidade do pedido constante da inicial" (STF, Tribunal Pleno, MC em ADC 9/, rel Min. Néri da Silveira, rel. para acórdão Min. Ellen Gracie, j. 26.08.2001, *DJ*, p. 5, 23 abr. 2004).

[218]BULOS. *Manual de interpretação constitucional*, p. 25.

[219]HESSE. *A força normativa da constituição*, p. 22-23, 27; HESSE. *Escritos de derecho constitucional*, p. 47-48. A respeito do método hermenêutico-concretizador, ver: TAVARES. *Curso de direito constitucional*, p. 76-77; CANOTILHO. *Direito constitucional e teoria da Constituição*, p. 1196, 1199; FREITAS, Juarez. O intérprete e o poder de dar vida à constituição. *In*: GRAU, Eros Roberto; GUERRA FILHO, Willis Santiago (Org.). *Direito constitucional*: estudos em homenagem a Paulo Bonavides. São Paulo: Malheiros, 2001. p. 236-238; BONAVIDES. *Curso de direito constitucional*, p. 498-501.

No mesmo sentido, Agassiz Almeida Filho conclui que a Constituição vai perdendo sua normatividade e legitimidade conforme haja ausência de concretização de suas normas.[220]

É importante comentar, neste ponto, que a Constituição de 1988, indica, no §1º de seu artigo 5º, que "as normas definidoras dos direitos e garantias fundamentais têm aplicação imediata",[221] o que deve ser obrigatoriamente considerado pelo operador do direito quando da interpretação das normas, até mesmo para garantir a máxima efetividade acima defendida.[222]

Vale apontar ainda que Ingo Wolfgang Sarlet sustenta que a falta de concretização de uma norma constitucional não pode servir de obstáculo para aplicação pelo Judiciário, o qual, em razão do mencionado §1º do artigo 5º, "não apenas se encontra na obrigação de assegurar a plena eficácia dos direitos fundamentais, mas também autorizado a remover eventual lacuna oriunda da falta de concretização".[223] É a isso que ele denomina de "mandado de otimização (ou maximização)".[224]

Ainda a esse respeito, o autor supracitado propugna que os direitos fundamentais possuem uma eficácia irradiante, isto é, oferecem "impulsos e diretrizes para a aplicação e interpretação do direito", pelo que o intérprete deve realizar uma interpretação "conforme aos direitos fundamentais".[225]

---

[220] Agassiz Almeida Filho no prefácio da obra de Pablo Lucas Verdú, *O sentimento constitucional*: aproximação ao estudo do sentir constitucional como método de integração política, p. XVI. No mesmo sentido, é a conclusão de STRECK. *Jurisdição constitucional e hermenêutica*: uma nova crítica do direito, p. 835.

[221] O conceito de "normas definidoras de direitos e garantias fundamentais" não é pacificado na doutrina. Nesse sentido, Ingo Wolfgang Sarlet assevera: "Constata-se, desde logo, que a doutrina pátria (a exemplo do que ocorre no direito comparado) ainda não alcançou o estágio de consensualidade no que concerne ao alcance e significado do preceito em exame, que passou a integrar a pauta dos temas polêmicos de nosso direito constitucional" (Os direitos fundamentais sociais na Constituição de 1988, *Revista Diálogo Jurídico*, p. 26). Não obstante não se tenha um conceito preciso sobre esse termo, dúvida não há de que essas normas são dotadas de grau de importância máximo, eis que informam toda a ordem jurídica, constituindo-se em núcleo essencial da Constituição. Por tal razão, deve os órgãos estatais maximizar a eficácia dessas normas.

[222] Nesse sentido, ver: PIOVESAN. *Direitos humanos e o direito constitucional internacional*, p. 63-64; MORO. *Desenvolvimento e efetivação judicial das normas constitucionais*, p. 66-73.

[223] SARLET. *A eficácia dos direitos fundamentais*, p. 262. No mesmo sentido, ver: BARROSO. *O controle de constitucionalidade no direito brasileiro*, p. 257.

[224] SARLET. *A eficácia dos direitos fundamentais*, p. 245. Sobre o tema, ver, ainda: ALEXY. Direito constitucional e direito ordinário. Jurisdição constitucional e jurisdição especializada, *Revista dos Tribunais*, p. 47-48; e ALEXY. *El concepto y la validez del derecho*, p. 171, 174-177.

[225] SARLET. *A eficácia dos direitos fundamentais*, p. 157. Sobre o tema, ver ainda: CANOTILHO. *Direito constitucional e teoria da Constituição*, p. 1208.

Assim, ante o exposto tem-se que o intérprete deve, à luz dos postulados acima apontados, conferir, ao dispositivo em comento, a interpretação e, na sequência, aplicação que confira a maior efetividade à Constituição, com especial zelo aos direitos fundamentais, sobretudo diante do princípio que dá unidade ao sistema constitucional, o princípio da dignidade da pessoa humana.[226]

É exatamente isso que se pretende demonstrar a seguir, tendo, como ponto de partida, o cotejo da jurisprudência do Supremo Tribunal Federal, apontados no item 5.2, *infra*.

5.2 O posicionamento do Supremo Tribunal Federal

A seguir, colacionam-se julgados do Supremo Tribunal Federal proferidos em sede de mandado de injunção impetrado diante de norma inconstitucional ou parcialmente inconstitucional.

É importante ressaltar que não se pretende trazer todos os julgados a respeito do tema, mas tão somente traçar um panorama, que permita verificar qual vem sendo a fundamentação desse Tribunal Constitucional para negar os *writs* impetrados, para, na sequência, defender a adoção da hermenêutica constitucional tratada no item 5.1, *supra*, no âmbito do mandado de injunção.

A fim de melhor sistematizar a análise pretendida, apresenta-se uma classificação dos julgados, utilizando-se, como critério, os argumentos aduzidos pelo Supremo Tribunal Federal quando da denegação do mandado de injunção.

Para a classificação dos julgados, foram adotados os seguintes critérios: a) denegação do mandado de injunção pela mera existência de lei, ainda que inconstitucional; e, b) denegação do *writ* pelo fato de não ser lícito pleitear, através do mandado de injunção a inconstitucionalidade de norma que regule, de maneira insuficiente ou insatisfatória, dispositivo constitucional.

---

[226] Há autores sustentando que o princípio da dignidade da pessoa humana funciona como o núcleo essencial do ordenamento jurídico brasileiro, sendo o fundamento do Estado democrático de Direito. Sobre o tema, ver: BARCELLOS. *A eficácia jurídica dos princípios constitucionais*: o princípio da dignidade da pessoa humana, p. 123; PIOVESAN. *Direitos humanos e o direito constitucional internacional*, p. 60; SARLET. *Dignidade da pessoa humana e direitos fundamentais*, p. 64; HESSE. *Constitución y derecho constitucional*, p. 5; HÄBERLE. *A humanidade como valor básico do Estado constitucional*, p. 54-56.

5.2.1 Existência de norma complementando o comando constitucional

Neste item, indica-se as ementas dos julgados proferidos pelo Supremo Tribunal Federal, em sede de mandado de injunção, cuja denegação se justificaria pela impossibilidade jurídica do pedido face da mera existência fática de uma norma regulamentadora, independentemente de seu conteúdo.

Caso 1

Na primeira ementa escolhida, tem-se um mandado de injunção impetrado por Bento Gonçalves Ferreira Gomes, o qual requereu ao Supremo Tribunal Federal o gozo dos benefícios fiscais que lhe são garantidos no artigo 153, §2º, inciso III da Constituição.

O Supremo Tribunal Federal não conheceu do presente *writ* sob o argumento da existência de norma disciplinando a matéria, a Lei nº 7.713/88, razão pela qual não se justificaria "o ajuizamento de mandado de injunção, ação que pressupõe a ausência de norma que impeça o gozo de direitos ou prerrogativas instituídas pela lei maior".

In verbis:

> Mandado de injunção. Regulamentação do artigo 153, parágrafo 2º, inc. I, da Constituição Federal. Agravo regimental não conhecido. Omissão legislativa inexistente. Denegado o mandado de injunção por despacho do relator, não se conhece de agravo regimental protocolizado na secretaria do STF após o término do prazo, embora postado nos correios no qüinqüídio legal. Precedentes. Existindo lei disciplinando a matéria constitucional (redução de imposto de renda a aposentados e pensionistas com mais de 65 anos e renda constituída exclusivamente dos frutos do trabalho), não se justifica o ajuizamento de mandado de injunção, ação que pressupõe a ausência de norma que impeça o gozo de direitos ou prerrogativas instituídas pela Lei Maior. AgRg não conhecido. (STF, Tribunal Pleno, AgR no MI nº 152/DF, rel. Min. Célio Borja, j. 21.03.1990, *DJ* 20.04.1990, p. 3047. Decisão: por unanimidade, não conheceram do mandado de injunção)

Caso 2

A seguir, tem-se o mandado de injunção impetrado por Airton de Oliveira e outros, os quais requereram, através do *writ*, o tratamento isonômico em relação aos servidores civis do INCRA lotados no Ministério da Reforma e Desenvolvimento Agrário, cujos vencimentos seguiram o Decreto-Lei nº 2.363, que determinava o regime jurídico dos servidores autárquicos do INCRA, contrariando o disposto no artigo 39, §1º da Constituição, que garante a isonomia no âmbito da administração direta.

O Ministro Carlos Velloso, voto vencido, entendeu que o mandado de injunção "faria às vezes da lei mencionada no §1º do artigo 39 da Constituição, para o fim de assegurar isonomia de vencimento no âmbito da administração direta". Contudo, concluiu que o mandado de injunção estava prejudicado, pois os servidores subordinados ao INCRA pertenciam à Administração Indireta, razão pela qual não haveria que se falar em quebra da isonomia. O Ministro Aldir Passarinho acompanhou o Relator.

O Ministro Celso de Mello, a seu turno, representando os votos vencedores, aduziu ser, o princípio da isonomia, não suscetível de regulamentação ou complementação, por ser um postulado revestido de autoaplicabilidade. Eventual contrariedade a esse princípio só poderia ser declarada pela ação direta de inconstitucionalidade e, enquanto isso não ocorresse, vigoraria o princípio da presunção de constitucionalidade.

Ademais, para que houvesse o cabimento do mandado de injunção, seria imprescindível a ausência de norma regulamentadora e, como, no caso, existiria norma, não seria a hipótese de lacuna técnica exigida como pressuposto para uso do *writ*.

É a ementa:

Mandado de injunção. Pretendida majoração de vencimentos devidos a servidor publico (INCRA/MIRAD). Alteração de lei já existente. Princípio da isonomia — postulado insuscetível de regulamentação normativa inocorrência de situação de lacuna técnica. A questão da exclusão de benefício com ofensa ao princípio da isonomia. Mandado de injunção não conhecido. O princípio da isonomia, que se reveste de auto-aplicabilidade, não é — enquanto postulado fundamental de nossa ordem político-jurídica — suscetível de regulamentação ou de complementação normativa. Esse princípio — cuja observância vincula, incondicionalmente, todas as manifestações do Poder Público — deve ser considerado, em sua precípua função de obstar discriminações e de extinguir privilégios (RDA 55/114), sob duplo aspecto: (a) o da igualdade na lei e (b) o da igualdade perante a lei. A igualdade na lei — que opera numa fase de generalidade puramente abstrata — constitui exigência destinada ao legislador que, no processo de sua formação, nela não poderá incluir fatores de discriminação, responsáveis pela ruptura da ordem isonômica. A igualdade perante a lei, contudo, pressupondo lei já elaborada, traduz imposição destinada aos demais poderes estatais, que, na aplicação da norma legal, não poderão subordiná-la a critérios que ensejem tratamento seletivo ou discriminatório. A eventual inobservância desse postulado pelo legislador imporá ao ato estatal por ele elaborado e produzido a eiva de inconstitucionalidade. Refoge ao âmbito de finalidade do mandado de injunção corrigir eventual inconstitucionalidade que infirme a validade de ato em vigor. Impõe-se refletir, no entanto, em tema de omissão parcial, sobre as possíveis soluções jurídicas que a questão da exclusão de benefício, com ofensa ao princípio da isonomia, tem sugerido no plano do direito comparado: (a) extensão dos benefícios ou vantagens às categorias ou grupos inconstitucionalmente deles excluídos; (b) supressão dos benefícios ou vantagens que foram indevidamente concedidos a terceiros; (c) reconhecimento da existência de uma situação ainda constitucional (situação constitucional imperfeita), ensejando-se ao Poder Público a edição, em tempo razoável, de lei restabelecedora do dever de integral obediência ao princípio da igualdade, sob pena de progressiva inconstitucionalização do ato estatal existente, porém insuficiente e incompleto. (STF, Tribunal Pleno, MI nº 58/DF, rel. Min. Carlos Velloso, j. 14.12.1990, *DJ* 19.04.1991, p. 4580. Decisão: por maioria de votos, mandado de injunção não conhecido)

Caso 3

O mandado de injunção impetrado pela Confederação das Associações de Microempresas do Brasil, que o propôs em favor de seus associados, os microempresários brasileiros, suscitando a inconstitucionalidade da Lei nº 7.689/88, a qual não regulamentaria o artigo 179 de forma compatível com a Constituição de 1988. Assim, requereu a prolação de ordem judicial que afastasse a incidência dessa Lei, com a consequente regulamentação do dispositivo constitucional para os seus associados.

O Supremo Tribunal Federal, diante do caso, entendeu que não haveria ausência de norma regulamentadora, faltando, assim, o pressuposto para utilização do mandado de injunção, o que gerou seu não conhecimento pelo tribunal.

É a ementa desse julgado:

> Mandado de injunção coletivo. Esta Corte tem admitido o mandado de injunção coletivo. Precedentes do Tribunal. Em mandado de injunção

não é admissível pedido de suspensão, por inconstitucionalidade, de Lei, por não ser ele o meio processual idôneo para a declaração de inconstitucionalidade, em tese, de ato normativo. Inexistência, no caso, de falta de regulamentação do artigo 179 da Constituição Federal, por permanecer em vigor a Lei nº 7.256/84 que estabelece normas integrantes do Estatuto da Microempresa, relativas ao tratamento diferenciado, simplificado é favorecido, nos campos administrativo, tributário, previdenciário, trabalhista, creditício e de desenvolvimento empresarial. Mandado de injunção não conhecido. (STF, Tribunal Pleno, MI nº 73/DF, rel. Min. Moreira Alves, j. 07.10.1994, *DJ* 19.12.1994, p. 35177. Decisão: por unanimidade, não conheceram do mandado de injunção)

Caso 4

No mandado de injunção impetrado pela Confederação Nacional dos Trabalhadores no Comercio (CNT), questiona-se a constitucionalidade do Decreto Federal nº 1.617/95, eis que este deixou de incluir os representantes dos trabalhadores no Conselho Nacional do Trabalho, violando o artigo 8º da Constituição, pelo que haveria uma omissão inconstitucional.

O Supremo Tribunal Federal, todavia, entendeu não ser, o mandado de injunção, o instrumento apto a questionar a constitucionalidade de uma norma, aduzindo não ser o caso de ausência de norma a completar o comando constitucional, razão pela qual, acompanhando o parecer proferido pela Subprocuradora-Geral, declarou, a impetrante, carecedora da ação, por impossibilidade jurídica do pedido e inadequação da via eleita.

In verbis:

Mandado de injunção. Objeto. O mandado de injunção não é o meio próprio a ver-se declarada inconstitucionalidade por omissão, considerado ato administrativo do Presidente da República criando determinado conselho e deixando de contemplar participação possivelmente assegurada, a entidade sindical, pelo texto constitucional. (STF, Tribunal Pleno, MI nº 498/DF, rel. Min. Marco Aurélio, j. 06.02.1997, *DJ* 04.04.1997, p. 10523. Decisão: por unanimidade, não conheceram do mandado de injunção)

Caso 5

Por fim, o mandado de injunção impetrado pelo Educandário Madre Guell, que propôs o presente *writ* com o intuito de ver apurada restrições impostas à regra da imunidade pela Lei nº 9.732/98, as quais seriam contrárias ao determinado no §7º do artigo 195 da Constituição. Por tal razão, foi requerida a supressão, pelo Supremo Tribunal Federal, da omissão dessa norma citada.

Entretanto, o Supremo Tribunal Federal sustentou que o mandado de injunção não serviria sequer para suprimir omissão total, menos ainda para sanar vício de inconstitucionalidade, o qual só poderia ser feito por meio da ação direta de inconstitucionalidade. Decidiu esse Tribunal Constitucional:

I. Entidades de assistência social: imunidade das contribuições sociais (CF, art. 195, §7º): argüições plausíveis de inconstitucionalidade das restrições impostas à imunidade por dispositivos da L. 9.732/98, por isso, objeto de suspensão cautelar na ADIn nº 2028, pendente de decisão definitiva. II. Mandado de Injunção: não se prestando sequer para suprir, no caso concreto, a omissão absoluta do legislador — tal a modéstia de suas dimensões, conforme demarcadas pelo STF, e que o Congresso vem de negar-se a ampliar — menos ainda se prestaria o malfadado instrumento do mandado de injunção a remediar os vícios de inconstitucionalidade que possa ostentar a lei editada para implementar a Constituição. (STF, Tribunal Pleno, MI nº 608/RJ QO, rel. Min. Sepúlveda Pertence, j. 01.06.2000, *DJ* 25.08.2000, p. 60. Decisão: por unanimidade, não conheceram do mandado de injunção)

Percebe-se, da leitura das ementas acima apresentadas, que o Supremo Tribunal Federal tem analisado o mandado de injunção, em especial os pressupostos autorizadores de seu uso, de uma forma bastante restritiva, minimizando, sobremaneira, o uso do instituto.

Esse Tribunal, ao apreciar os casos que lhe são apresentados, tem adotado interpretação restringente quando da análise do conceito de "lacuna técnica", quando, na realidade, deveria compreender por "lacuna técnica" não apenas a mera *inexistência* de norma regulamentadora, mas a ausência de norma no ordenamento apta a *viabilizar o exercício* dos direitos e garantias postos na Constituição.

Esta, contudo, não vem sendo a linha adotada pelo Supremo Tribunal Federal. Com efeito, consoante se demonstrará no tópico a seguir, que não é esse o único caso de restrição do uso do mandado de injunção oriundo de interpretação restritiva do comendo constitucional.

5.2.2 Existência de norma, não obstante seja insatisfatória ou injusta

Não bastasse o argumento de que a mera existência de norma regulamentadora justificaria a denegação dos mandados de injunção impetrados, o Supremo Tribunal Federal também se diz impedido de avaliar o conteúdo da norma que regulamenta o dispositivo constitucional, ainda que a norma seja claramente injusta ou insatisfatória, no sentido de violar o princípio da isonomia, o qual propugna que a lei deve conferir um tratamento igualitário das partes.

Caso 1

Na primeira ementa, a impetrante, Associação de Educação Familiar e Social, buscou, por meio do mandado de injunção, alcançar uma situação de igualdade perante beneficiados pela norma que garantiu a isenção de contribuição das entidades beneficentes de assistência social para a seguridade social. Afirmou que as Leis nº 8.212/91 e nº 9.732/98 não estenderam a isenção à impetrante, pelo que seriam inconstitucionais.

O Supremo Tribunal Federal, nesse caso, negou seguimento ao *writ* forte no argumento de que faltava o pressuposto para o cabimento do mandado de injunção: a ausência de norma regulamentadora, eis que existe norma regulando o artigo 195, §7º, da Constituição. Após a interposição de Agravo Regimental, o Supremo Tribunal Federal conheceu do mandado de injunção, mas extinguiu-o sob o fundamento de que não seria esse o instrumento apto a questionar essa não inclusão, uma vez que não há, no caso, ausência de norma regulamentadora; pelo contrário, há norma, mas essa não parece ser suficiente para abarcar a impetrante.

É a ementa:

> Isenção de contribuição das entidades beneficentes de assistência social para a seguridade social (art. 195, §7º, da Constituição). Inadmissibilidade do mandado de injunção para tornar viável o exercício desse direito, por não se tratar da falta de norma regulamentadora, mas da argüição de inconstitucionalidade de normas já existentes, causa de pedir incompatível com o uso do instrumento processual previsto no art. 5º, LXXI, da Constituição. (STF, Tribunal Pleno, MI nº 609/RJ, rel. Min. Octávio Gallotti, j. 01.06.2000, *DJU* 22.06.2000, p. 70. Decisão: por unanimidade, o mandado de injunção foi desprovido)

Caso 2

A ementa, a seguir, trata de mandado de injunção impetrado pela Associação Brasileira de Educação Familiar e Social, que buscava o benefício da isenção, nos termos propugnados no §7º do artigo 195 da Constituição.

Mais uma vez, o Supremo Tribunal Federal entendeu haver legislação disciplinando a matéria — Lei nº 9.732/98 — e, remetendo ao MI nº 609/RJ, supramencionado, decidiu não ser, o mandado de injunção, instrumento apto a questionar a constitucionalidade da não previsão da isenção na referida lei, e que não há ausência de norma regulamentadora, pelo contrário, há norma, a qual, ainda que pareça não ser suficiente para abarcar a impetrante, é norma regulamentadora do dispositivo constitucional, faltando, assim, pressuposto para o uso do mandado de injunção.

In verbis:

> Mandado de injunção. Entidade de assistência social. Imunidade das contribuições sociais. Art. 195, §7º, da Constituição Federal. Lei nº 9.732/98. Não cabe mandado de injunção para tornar efetivo o exercício da imunidade prevista no art. 195, §7º, da Carta Magna, com alegação de falta de norma regulamentadora do dispositivo, decorrente de suposta inconstitucionalidade formal da legislação ordinária que disciplinou a matéria. Impetrante carecedora da ação (STF, Tribunal Pleno, MI nº 605/RJ, rel. Min. Ilmar Galvão, j. 30.08.2001, *DJU* 28.09.2001, p. 38. Decisão: por unanimidade, declararam a Autora carente da ação)

Caso 3

No mandado de injunção cuja ementa transcreve-se abaixo, Marcelo Garcia de Jesus e outros reclamaram o exercício do gozo de direitos assegurados pelo artigo 142, §3º, incisos I a VI, por serem militares temporários.

Em sua decisão, o Supremo Tribunal Federal aduziu que a legislação já existe e o fato de lhes parecer injusta ou inconstitucional não justificaria o uso do mandado de injunção, pois esse instrumento não poderia ter, por objeto principal, a declaração de inconstitucionalidade de leis ou atos normativos.

> Direito constitucional. Mandado de injunção, impetrado por ex-oficiais temporários da reserva não remunerada do exército, para que lhes

sejam assegurados os direitos previstos no art. 142, §3º, incisos I a IV, da Constituição Federal de 1988, com a redação dada pela EC nº 18, de 1998. 1. Como demonstraram as informações presidenciais e o parecer da Procuradoria-Geral da República, a Constituição Federal não outorga aos impetrantes, Oficiais Temporários da Reserva não Remunerada do Exército Brasileiro, os direitos, que sustentam, e cujo exercício esteja dependendo de norma regulamentadora, a ser elaborada pela Presidência da República ou por sua iniciativa. 2. A legislação, que lhes diz respeito, existe, está em vigor. E se lhes parece injusta ou inconstitucional, não é o mandado de injunção o instrumento adequado à obtenção de tratamento mais justo, nem pode ter por objeto principal a declaração de inconstitucionalidade de leis ou atos normativos. 3. Mandado de injunção não conhecido, por impossibilidade jurídica do pedido. (STF, Tribunal Pleno, MI nº 582/RJ, rel. Min. Sydney Sanches, j. 28.08.2002, *DJU* 28.02.2003, p. 9. Decisão: por unanimidade, não conheceram do mandado de injunção por impossibilidade jurídica do pedido)

Caso 4

Por fim, tem-se o mandado de injunção impetrado por Edvaldo Santos Araújo, buscando a regulamentação do disposto no artigo 40, §1º, inciso I da Constituição, porque, segundo seu entender, isso não foi feito de maneira suficiente pela Lei nº 8.112/90, a qual deixou de contemplar moléstia que o levou à aposentadoria por invalidez.

Aqui, como nos demais casos acima indicados, o Supremo Tribunal Federal entendeu que a norma regulamentadora existe; que o fato de o impetrante considerá-la insatisfatória não o autorizaria a utilizar-se do mandado de injunção, razão pela qual não conheceu do *writ*, decisão confirmada em sede de agravo regimental.

Transcreve-se a ementa:

Constitucional. Mandado de injunção: existência da norma infra-constitucional: não-cabimento da injunção. CF, art. 5º, LXXI. I. A norma regulamentadora, infraconstitucional, existe. Todavia, o impetrante a considera insatisfatória. Caso de não-cabimento do mandado de injunção. II. Negativa de seguimento ao pedido. Agravo não provido. (STF, Tribunal Pleno, AgR no MI nº 600/BA, rel. Min. Carlos Velloso, j. 26.03.2003, *DJU* 09.05.2003, p. 45. Decisão: por unanimidade, negaram provimento ao agravo)

Nota-se, da transcrição das ementas dos julgados acima apresentadas, que, também aqui, o Supremo Tribunal Federal vem dando uma interpretação excessivamente literal ao pressuposto da ausência de norma regulamentadora para fins de impetração do mandado de injunção, conferindo a esse remédio constitucional um alcance muito restrito, acabando por violar o dispositivo constitucional que prevê o *writ* em comento.

Deveras, o Tribunal Constitucional tem deixado de considerar que ao apreciar o mandado de injunção pode e deve exercer seu papel de guardiã da Constituição, o que permitiria uma análise mais completa dos *writs* impetrados. Assim, ao apreciar um mandado de injunção, deveria considerar não apenas uma simples existência formal de uma norma, mas, sobretudo, seu conteúdo, com o fim último de aferir em que medida essa norma cumpre seu escopo de regulamentar o comando constitucional a ponto de viabilizar o exercício de direitos e garantias individuais pelos jurisdicionados, nos termos exigidos e garantidos pela Constituição de 1988.

Vale relembrar que a Constituição traz, no inciso LXXI do artigo 5º, que se concederá mandado de injunção sempre que a "falta de norma regulamentadora torne *inviável o exercício dos direitos e das prerrogativas inerentes à nacionalidade, à soberania do povo e a cidadania*" (grifos nossos).

Nota-se, entretanto, que o Supremo Tribunal Federal tem dado mais foco ao substantivo "falta" do que ao predicado que traz a finalidade da norma constitucional em questão, qual seja, criar meios para que o exercício de direitos e garantias constitucionalmente previstos seja viabilizado ao cidadão.

Todavia, em vista das peculiaridades da hermenêutica constitucional, consoante o exposto no item 5.1, *supra*, no sentido de dar ao texto da Constituição a interpretação mais apta para realizar os direitos e garantias nela previstos, faz-se mister ter-se um olhar mais ampliado do dispositivo em comento, visando, com isso, à concretização dos valores constitucionais. É o que se passa a expor no capítulo 6, a seguir.

CAPÍTULO 6

O ALCANCE DE MÁXIMA EFETIVIDADE DAS NORMAS CONSTITUCIONAIS ATRAVÉS DO MANDADO DE INJUNÇÃO

Partindo-se da premissa de que o intérprete deve conferir à norma a sua máxima efetividade, é possível sustentar que o constituinte, ao criar o mandado de injunção, objetivou oferecer, aos cidadãos, um meio apto a impedir que "a falta de norma regulamentadora" lhes obstaculizasse o *exercício* "dos direitos e das prerrogativas inerentes à nacionalidade, à soberania do povo e a cidadania".

Vale dizer, não seria a mera existência de um dispositivo legal no ordenamento jurídico condição suficiente para impedir o manejo do mandado de injunção; ao contrário, o uso deste instrumento deveria ser admitido pelo Supremo Tribunal Federal sempre que o impetrante se visse diante de obstáculo ao exercício de direitos e das prerrogativas inerentes à nacionalidade, à soberania do povo e a cidadania.

Os argumentos justificadores dessa forma de interpretação mais ampla do comando constitucional em análise são quatro: a) os postulados da hermenêutica constitucional, em especial o que propugna pela máxima efetividade das normas constitucionais; b) a consideração do princípio do acesso à justiça; c) o princípio da dignidade da pessoa humana como vetor interpretativo; e d) a aplicabilidade imediata das normas definidoras de direitos e garantias fundamentais.

6.1 A máxima efetividade das normas constitucionais

Consoante o já delineado no item 5.1, *supra*, o intérprete deve buscar, na interpretação e aplicação da norma, conferir-lhe sua máxima efetividade.

Para o constitucionalista Celso Bastos, o postulado da máxima efetividade propugna pelo "banimento da idéia de que um artigo ou parte dele possa ser desconsiderado sem efeito algum, o que equivaleria a desconsiderá-lo mesmo".[227]

Ademais, consoante lição de Jorge Miranda, não se pode dar a uma norma constitucional "interpretação que lhe retire ou diminua a razão de ser", pelo que o intérprete deve considerar não apenas o que é explicitamente apontado, mas também o que dela é implicitamente resultante.[228]

Joaquim Carlos Salgado afirma que, em função do princípio da maior extensibilidade, as normas que definem ou outorgam direito fundamentais devem ser interpretadas de forma ampla, pois esses direitos não são meras concessões do Estado, são, ao contrário: a) valores constitucionais impassíveis de mutilação ou restrição, b) direitos universalmente reconhecidos e destinados. Assim, "o intérprete deve perquiri-lhe todo o alcance lógico", sob pena de comprometimento da "plenitude da fruição do direito declarado".[229]

Por tal fundamento sustenta-se haver a necessidade de uma revisão do posicionamento restritivo adotado pelo Supremo Tribunal Federal acerca da regra exigindo que haja "a falta de norma regulamentadora" para o cabimento do mandado de injunção.

---

[227]BASTOS. *Hermenêutica e interpretação constitucional*, p. 176. No mesmo diapasão, ver: BARROSO. *Interpretação e aplicação da Constituição*, p. 246-257. No mesmo sentido, ver: GRAU. *Ensaio e discurso sobre a interpretação/aplicação do direito*, p. 34.

[228]MIRANDA. *Teoria do Estado e da Constituição*, p. 452. No mesmo diapasão, Juarez Freitas sustenta que o intérprete constitucional deve ser guardião de uma perspectiva proporcional da Constituição, no sentido de haver o mínimo de sacrifício para a preservação do máximo de direitos (FREITAS. O intérprete e o poder de dar vida à constituição. *In*: GRAU, Eros Roberto; GUERRA FILHO, Willis Santiago (Org.). *Direito constitucional*: estudos em homenagem a Paulo Bonavides. São Paulo: Malheiros, 2001. p. 232).

[229]SALGADO. Princípios hermenêuticos dos direitos fundamentais. *In*: MERLE, Jean-Christophe; MOREIRA, Luiz (Org.). *Direito e legitimidade*. São Paulo: Landy, 2003. p. 207-208.

Deveras, é imprescindível considerar-se o comando constitucional de forma integral, donde se conclui que não basta haver uma norma qualquer regulamentando o dispositivo da Constituição, como sustenta o Supremo Tribunal Federal, mas é preciso que essa norma "torne inviável o exercício dos direitos e das prerrogativas inerentes à nacionalidade, à soberania do povo e a cidadania", nos precisos termos do que propugna a Constituição em seu artigo 5º, inciso LXXI.

Flávia Piovesan, nesse diapasão, sustenta que o mandado de injunção terá cabimento tanto quando há omissão parcial, como quando há uma norma inconstitucional regulando o disposto na Constituição. Para ela, "pode-se afirmar que a norma regulamentadora inconstitucional é equiparável à ausência de norma regulamentadora, pela ineficácia da regra de direito contrária à Constituição" pela ofensa ao princípio da isonomia.[230]

No mesmo sentido, Carlos Augusto Alcântara Machado advoga que o pressuposto que autoriza o ajuizamento do mandado de injunção não é somente a ausência total de norma, mas também quando há situações de inércia parcial.[231]

Tal posicionamento justifica-se pelo fato de que há uma omissão legislativa não apenas no caso de o legislador não cumprir seu dever constitucional de emanar normas, mas também quando o faz incompletamente.[232]

Willis Santiago Guerra Filho chega à mesma conclusão, argumentando que, adotando-se posicionamento diverso, teríamos de aceitar que o mandado de injunção ficaria em desuso quando as normas regulamentadoras já tivessem sido editadas.[233]

---

[230] PIOVESAN. *Proteção judicial contra omissões legislativas*: ação direta de inconstitucionalidade por omissão e mandado de injunção, p. 137. No mesmo sentido, ver: CUNHA JÚNIOR, Dirley da. *Controle judicial das omissões do Poder Público*. São Paulo: Saraiva, 2004. p. 516. Em orientação bastante semelhante, conclui Ruy Barbosa que "o princípio é de que leis inconstitucionais *não são leis*". O jurista, para chegar a essa conclusão, parte das lições de Black, o qual sustenta que "um acto inconstitucional do Congresso, ou de qualquer legislatura de Estado, *não é lei* (*it's not law*): não confere direitos; não estabelece deveres; não cria protecção; não institui cargos. É juridicamente considerando, *como se nunca tivesse existido*". A fim de conferir suporte a tais conclusões, Ruy Barbosa aponta julgados ingleses e norte-americanos nos quais os magistrados declaram que não podem reconhecer força de lei a um ato inconstitucional (BARBOSA. *Commentarios à Constituição Federal brasileira*, p. 12).

[231] MACHADO. *Mandado de injunção*: um instrumento de efetividade da Constituição, p. 75-76.

[232] CANOTILHO. *Direito constitucional e teoria da Constituição*, p. 1023-1024.

[233] GUERRA FILHO. *Processo constitucional e direitos fundamentais*, p. 105.

Destaca-se, outrossim, a ideia de a Constituição ser clara, no sentido de que o objetivo do mandado de injunção é assegurar o *exercício*, ou seja, a *viabilização* do gozo de direito ou de liberdade constitucional ou de uma prerrogativa inerente à nacionalidade, à soberania e à cidadania e o *pleno* exercício desses direitos, liberdades ou prerrogativas.

Assim, o ordenamento constitucional exige que o poder competente elabore norma regulamentadora que permita essa fruição *efetiva* de direitos e prerrogativas constitucionais. E é exatamente no caso de obstaculização do exercício, seja pela ausência de norma, seja por sua insuficiência, que a Constituição faculta ao indivíduo a impetração do mandado de injunção; é esta a *utilidade* do mandado de injunção no ordenamento jurídico pátrio.

Lícito concluir, assim, que o interesse de agir, do mandado de injunção, está centrado na *inviabilidade do exercício* do direito ou prerrogativa constitucional, não simplesmente na *inexistência formal* da norma regulamentadora.

Não bastasse o inafastável atendimento ao postulado da máxima efetividade das normas constitucionais, vale adicionar, ainda, a ideia de que a Constituição é uma lei superior, soberana, que traça as diretrizes do Estado, a qual todos os demais atos legislativos devem submissão e subsunção.[234]

Essa também é a lição de Uadi Lammêgo Bulos, o qual sustenta que o Supremo Tribunal Federal deve adotar uma postura construtivista, desprendida do formalismo legal, o que, em nome do princípio da supremacia constitucional, torna viável que o Tribunal Constitucional busque para os "casos obscuros uma solução que os constituintes previram".[235]

Ao tratar da Constituição de 1988, Celso Bastos foi bastante claro no sentido de atribuir ao mandado de injunção e à ação direta de inconstitucionalidade por omissão o papel de oferecer, aos cidadãos, meios efetivos e concretos para verem implementadas normas programáticas. *In verbis*:

---

[234] BARBOSA. *Commentarios à Constituição Federal brasileira*, v. 1, p. 9. No mesmo sentido, ver: STRECK. *Jurisdição constitucional e hermenêutica*: uma nova crítica do direito, p. 105-106. Nas palavras de Ruy Barbosa, "Ao legislador cumpre, ordinariamente, revestir-lhe a ossatura delineada, impor-lhes o organismo adequado, e dar-lhes capacidade de real ação" (*Commentarios á Constituição Federal brasileira*, v. 2, p. 477-478).

[235] BULOS. *Manual de interpretação constitucional*, p. 101. No mesmo diapasão, ver: BARROSO. *O controle de constitucionalidade no direito brasileiro*, p. 1.

Até os institutos do mandado de injunção e da inconstitucionalidade por omissão, no fundo, não são senão uma tentativa de tornar esta pressão mais coercitiva. Os constituintes, achando que a letra da Constituição não é suficiente para criar o nível de tensão desejado, envolveram o próprio Judiciário nessas contradições internas, forçando-o a expedir regras que, com a autoridade do Judiciário, seriam mais suscetíveis de serem cumpridas.[236]

Diante disso, não há como fugir da conclusão: ainda que exista uma norma, se ela não cumpre seu papel de dar à Constituição a eficácia e aplicabilidade almejadas pelo poder constituinte, deve o Supremo Tribunal Federal, guardião da Constituição, conferir ao pleiteante, por meio do mandado de injunção, aquilo que o texto constitucional propugna como indispensável ao exercício de direitos e garantias postos na Constituição. Tal posicionamento, o qual se exige do Poder Judiciário, é decorrência do princípio da inafastabilidade da jurisdição, tema ao qual se dedica o item abaixo.

6.2 O princípio do acesso à justiça

A Constituição de 1988 garante, no inciso XXXV do artigo 5º, que "a lei não excluirá da apreciação do Poder Judiciário lesão ou ameaça a direito".

Trata-se do princípio constitucional da inafastabilidade da jurisdição, também denominado de princípio da efetividade da jurisdição, princípio da proteção judiciária, princípio do acesso à justiça ou ao Judiciário.[237]

Entretanto, independentemente da denominação adotada, a doutrina é uníssona no seu conteúdo, qual seja, lesões ou ameaça a direitos devem ser submetidas à apreciação do Poder Judiciário, que não poderá furtar-se do seu mister.

A Constituição de 1988 traz, em seu bojo, direitos e garantias fundamentais, os quais devem estar *efetivamente* ao alcance dos cidadãos,

---

[236]BASTOS. *A Constituição de 1988*, p. 87.
[237]Sobre o tema, ver: TAVARES. *Curso de direito constitucional*, p. 478-480; BUENO, Cassio Scarpinella. *Tutela antecipada*. São Paulo: Saraiva, 2004. p. 10; BASTOS. *Curso de direito constitucional*, p. 367-369; ARAUJO; NUNES JUNIOR. *Curso de Direito constitucional*, p. 114-115; CANOTILHO. *Curso de direito constitucional e teoria da Constituição*, p. 431; SILVA. *Curso de direito constitucional positivo*, p. 429; FERREIRA FILHO. *Curso de direito constitucional*, p. 281-282; BONAVIDES. *Curso de direito constitucional*, p. 553.

isto é, os comandos constitucionais impõem deveres ao Poder Público que, se não atendidos, geram direito subjetivo do cidadão de buscar amparo no Poder Judiciário.

Não restam dúvidas, assim, de que o Poder Judiciário não pode adotar uma postura passiva diante da sociedade. Pelo contrário, por obrigação constitucional, deve garantir a democracia em uma dimensão substancial,[238] o que resulta da concretização normativa da Constituição.[239]

Aliás, é essa a compreensão que se deve ter diante do determinado pelo princípio da inafastabilidade da jurisdição, insculpido no artigo 5º, inciso XXXV da Constituição.

Ora, uma jurisdição acessível ao cidadão não é aquela na qual se tem as portas abertas para o ingresso de novas demandas, apenas; uma jurisdição acessível, nos termos propugnados pela Constituição de 1988, é uma jurisdição efetiva, uma jurisdição distante do formalismo excessivo, uma jurisdição mais próxima da realidade política e social,[240]

---

[238]Sobre o tema, por todos, ver: BOBBIO. *Estado, governo, sociedade*: para uma teoria geral da política, p. 157-158. Ainda a esse respeito, nesse sentido, ver: PALU. *Controle dos atos de governos pela jurisdição*, p. 115-122.

[239]Sobre o tema, ver: STRECK. *Jurisdição constitucional e hermenêutica*: uma nova crítica do direito, p. 179-182, 191.

[240]Nesse sentido, oportuna a lição de Cândido José Dinamarco, para quem: "A força das tendências metodológicas do direito processual civil na atualidade dirige-se com grande intensidade para a *efetividade do processo*, a qual constitui expressão resumida da idéia de que o *processo deve ser apto a cumprir integralmente toda a sua função sócio-político-jurídica, atingindo em toda a plenitude todos os seus escopos institucionais*. Essa constitui a dimensão moderna de uma preocupação que não é nova e que já veio expressa nas palavras muito autorizadas de antigo doutrinador: 'na medida do que for praticamente possível, o processo deve proporcionar a quem tem um direito tudo aquilo e precisamente aquilo que ele tem o direito de obter'. No contexto em que foi formulada, essa sábia advertência era portadora de acanhadas limitações inerentes às atitudes introspectivas do sistema, sem aberturas para as determinantes evidenciadas pela clara visão teleológica que hoje se tem. Ela está inserida num conceito muito individualista e de marcado positivismo jurídico do processo, sem preocupações pelo social e pelo político; mas relida fora do contexto, por certo conduzirá a termos idênticos àqueles propostos" (DINAMARCO, Cândido Rangel. *A instrumentalidade do processo*. 9. ed. São Paulo: Malheiros, 2001. p. 270). Sobre a perspectiva técnico-jurídica do acesso à justiça, com objetivo de se ter uma jurisdição efetiva, de resultados, ver: KRELL. *Direitos sociais e controle judicial no Brasil*: os (des)caminhos de um direito constitucional "comparado", p. 71-75; OLIVEIRA. O processo civil na perspectiva dos direitos fundamentais. *In*: OLIVEIRA, Carlos Alberto Alvaro de (Org.). *Processo e Constituição*. Rio de Janeiro: Forense, 2004. p. 12; BUENO, Cassio Scarpinella. *Tutela antecipada*. São Paulo: Saraiva, 2004. p. 10-11; RAMOS JÚNIOR. *Princípios constitucionais do processo*: visão crítica, p. 37; MOREIRA. *Temas de direito processual civil*, p. 28; BEDAQUE. *Direito e processo*, p. 10, 18-21; BEZERRA. *Acesso à justiça*: um problema ético social no plano da realização do direito, p. 126-134; CAMEJO FILHO. Garantia do acesso à justiça. *In*: OLIVEIRA, Carlos Alberto Alvaro de (Org.). *Processo e constituição*. Rio de Janeiro: Forense, 2004. p. 44; GERAIGE NETO. *O princípio da inafastabilidade do controle jurisdicional*: art. 5º, inciso XXXV, da Constituição Federal, p. 29.

enfim, um "instrumento a serviço dos valores que são objeto das atenções da ordem jurídico-substancial",[241] uma jurisdição que realiza direitos "dando a cada um o que é seu e garantindo o triunfo da justiça e da liberdade".[242]

E é isso que se busca aqui: conferir ao jurisdicionado condições de usufruir dos direitos e prerrogativas que a Constituição lhe garante através da impetração de mandado de injunção perante o Judiciário.

6.3 O princípio da dignidade da pessoa humana como vetor interpretativo

A compreensão do significado desse princípio pressupõe a constatação de que o ser humano é dotado de um valor próprio, não podendo ser transformado em objeto.

Por fugir ao escopo imediato deste livro, parte-se diretamente aos antecedentes históricos mais recentes que conferiram a este princípio seu importante papel na atualidade.[243] Vejamos.

Com o fim da 2ª Guerra Mundial, em virtude das grandes violações aos direitos da pessoa, o direito constitucional ocidental sofreu profundas transformações, sobretudo no tangente à proteção da pessoa humana, tendo em vista a reconstrução dos direitos humanos.[244]

Nesse cenário, surgem as Constituições dotadas de alta carga axiológica, permeada por princípios e normas constitucionais abertas, destacando-se o valor da dignidade da pessoa humana.

Definir o que seria a dignidade da pessoa humana não é tarefa simples, eis que se trata de "conceito com contornos vagos e imprecisos".[245] Ingo Wolfgang Sarlet, entretanto, esboçou um possível conceito para esse valor:

---

[241] DINAMARCO. *A instrumentalidade do processo*, p. 57.

[242] BUENO, Cassio Scarpinella. *Tutela antecipada*. São Paulo: Saraiva, 2004. p. 4-6, em especial p. 5. No mesmo diapasão, ver: WAMBIER; ALMEIDA; TALAMINI. *Curso avançado de processo civil*, v. 1, p. 696.

[243] Com efeito, a ideia de que o valor da dignidade do ser humano é intrínseco ao ser humano não pode ser afastada, mas, para o presente estudo, importa uma visão deste importante princípio nos dias de hoje. Para uma análise mais acurada, por todos, ver: SARLET. *Dignidade da pessoa humana e direitos fundamentais*, p. 29-62.

[244] Essa transformação não foi apenas no âmbito interno, mas também no plano internacional, com a implementação de um sistema normativo internacional de proteção aos direitos humanos. Sobre o tema, por todos, ver: PIOVESAN. *Direitos humanos e direito constitucional internacional*, p. 44.

[245] SARLET. *Dignidade da pessoa humana e direitos fundamentais*, p. 38.

Assim sendo, temos por dignidade de cada ser humano que o faz merecedor do mesmo respeito e consideração por parte do Estado e da comunidade, implicando, neste sentido, um complexo de direitos e deveres fundamentais que assegurem a pessoa tanto contra todo e qualquer ato de cunho degradante e desumano, como venham a lhe garantir as condições existenciais mínimas para uma vida saudável, além de propiciar e promover sua participação ativa e co-responsável nos destinos da própria existência e da vida em comunhão com os demais seres humanos.[246]

Não obstante a sua conceituação não seja algo pacífico, até porque este é um valor que depende, em certa medida, do respeito às diferenças e pluralidade de valores que permeiam toda a humanidade, não restam dúvidas de sua concretude. Konrad Hesse, a este respeito, pontua:

Muito distante de uma fórmula abstrata ou mera declamação, à qual falta significado jurídico, cabe a esse princípio o peso completo de uma fundação normativa dessa coletividade histórico-concreta, cuja legitimidade, após um período de inumanidade e sob signo da ameaça atual e latente à "dignidade do homem", está no respeito e na proteção da humanidade.[247]

Com efeito, sendo uma qualidade intrínseca ao ser humano, esta não lhe pode ser destacada, sendo um valor irrenunciável e inalienável.[248]

Dominique Rousseau assevera que "em cada direito fundamental se faz presente um conteúdo, ou, pelo menos, alguma projeção da dignidade da pessoa",[249] e é isto que faz deste princípio um valor máximo do ordenamento jurídico, configurando-se em verdadeiro superprincípio constitucional.[250]

Tem-se, assim, o princípio da dignidade da pessoa humana como pauta, parâmetro para o intérprete e aplicador das normas jurídicas.

---

[246] SARLET. *Dignidade da pessoa humana e direitos fundamentais*, p. 62.

[247] HESSE. *Elementos de direito constitucional*, p. 109-110.

[248] Nesse sentido, ver: SARLET. *Dignidade da pessoa humana e direitos fundamentais*, p. 43-44.

[249] ROUSSEAU, Dominique. *Les libertés individuelles et la dignité de la personne*, p. 27 *apud* SARLET. *Dignidade da pessoa humana e direitos fundamentais*, p. 89.

[250] Neste sentido, por todos, ver: PIOVESAN Flávia; VIEIRA, Renato Stanziola. A força normativa dos princípios constitucionais fundamentais: a dignidade da pessoa humana. *In*: PIOVESAN, Flávia. *Temas de direitos humanos*. São Paulo: Max Limonad, 2003. p. 393.

O ALCANCE DE MÁXIMA EFETIVIDADE DAS NORMAS CONSTITUCIONAIS ATRAVÉS DO MANDADO DE INJUNÇÃO

Daí a importância de se garantir a efetividade das normas constitucionais, de forma a privilegiar e potencializar a força normativa da Constituição.[251] A Constituição do Brasil de 1988, marcada por seu viés democrático, consoante exarado especialmente no item 4.1, *supra*, prevê, dentre os princípios fundamentais da República Federativa do Brasil, o princípio da dignidade da pessoa humana.[252] Veja-se:

> Art. 1º A República Federativa do Brasil, formada pela união indissolúvel dos Estados e Municípios e do Distrito Federal, constitui-se em Estado Democrático de Direito e tem como fundamentos:
>
> I – a soberania;
>
> II – a cidadania
>
> III – *a dignidade da pessoa humana*;
>
> IV – os valores sociais do trabalho e da livre iniciativa;
>
> V – o pluralismo político. (grifos da transcrição)

Sendo o princípio da dignidade da pessoa humana um dos fundamentos da ordem constitucional brasileira, toda atividade interpretativa deve guiar-se no sentido de concretizar os direitos e garantias postos na Constituição.[253]

---

[251] PIOVESAN Flávia; VIEIRA, Renato Stanziola. A força normativa dos princípios constitucionais fundamentais: a dignidade da pessoa humana. *In*: PIOVESAN, Flávia. *Temas de direitos humanos*. São Paulo: Max Lemonad, 2003. p. 389.

[252] A Constituição brasileira foi bastante influenciada pela lei Fundamental Alemã, que, em seu artigo 1º estabelece "1. Dignidade do ser humano 1. A dignidade do homem é inatingível. Todos os poderes públicos têm a obrigação de a respeitar e de a proteger. 2. Por conseguinte, o povo alemão reconhece ao ser humano direitos invioláveis, como fundamento de toda a comunidade humana, da paz e da justiça no mundo. 3. Os direitos fundamentais a seguir discriminados vinculam os poderes legislativo, executivo e judiciário como preceitos diretamente aplicáveis". Sofreu influência, ainda, da Constituição portuguesa, onde se lê no artigo 1º que "Portugal é uma República soberana, baseada na dignidade da pessoa humana e na vontade popular e empenhada na construção de uma sociedade livre, justa e solidária". Na Constituição espanhola, que também influenciou a Constituição brasileira de 1988, está disposto no artigo 10, que trata dos direitos fundamentais, que "1. A dignidade da pessoa, os direitos invioláveis que lhe são inerentes, o livre desenvolvimento da personalidade, o respeito pela lei e pelos direitos dos outros são o fundamento da ordem política e da paz social. 2. As normas relativas aos direitos fundamentais e às liberdades que a Constituição reconhece serão interpretados de acordo com a Declaração Universal dos Direitos do Homem e os tratados e acordos internacionais sobre as mesmas matérias ratificadas por Espanha".

[253] Neste diapasão, Flávia Piovesan e Renato Stanziola Vieira, esclarecem: "Ora, se a Carta de 1988 rege todo o ordenamento jurídico com inegável preponderância, aquilo que para ela mesma pareceu fundamental não pode, em hipótese alguma, ser tomado como supletivo"

Daí, a importância de se conferir, ao mandado de injunção, a sua máxima eficácia, de modo a viabilizar, na prática, a quem se sinta obstaculizado, o exercício de direitos e prerrogativas constitucionalmente garantidos.

6.4 A aplicabilidade imediata das normas definidoras de direitos e garantias fundamentais

Em decorrência da força que exerce hodiernamente o princípio da dignidade da pessoa humana na atividade interpretativa, tem-se que as normas definidoras de direitos e garantias fundamentais devem ter aplicabilidade imediata.

Ingo Wolfgang Sarlet afirma que essa regra cumpre o papel de garantir a coerência interna do sistema constitucional, uma vez que é nele que está radicado o princípio da dignidade da pessoa humana.[254]

De acordo com o exposto no item 5.1, *supra*, esta é a regra prevista no §1º do artigo 5º da Constituição de 1988.

Assim, por se tratar de direitos outorgados pelo Estado no texto constitucional, o exercício de direitos e de prerrogativas inerentes à nacionalidade, à soberania e à cidadania independeria de norma, competindo, ao Poder Judiciário, tão somente o papel de garantir a sua efetivação.[255]

Assim, na hipótese de um indivíduo perceber algum obstáculo ao exercício de direito ou garantia posto no texto da Constituição, por alegada ausência de norma regulamentando dispositivo constitucional, seria possível lançar mão do mandado de injunção, como um meio para transpor a barreira causada pela ausência de norma ou de atos práticos do Poder Público através do Poder Judiciário.

É esta concretização das normas constitucionais, diante dos princípios hermenêuticos acima apontados, que se espera do Supremo Tribunal Federal quando da análise de mandados de injunção propostos.

(A força normativa dos princípios constitucionais fundamentais: a dignidade da pessoa humana. *In*: PIOVESAN, Flávia. *Temas de direitos humanos*. São Paulo: Max Lemonad, 2003. p. 363).

[254]SARLET. *A eficácia dos direitos fundamentais*, p. 84.

[255]Nesse sentido, ver: SALGADO. Princípios hermenêuticos dos direitos fundamentais. *In*: MERLE, Jean-Christophe; MOREIRA, Luiz (Org.). *Direito e legitimidade*. São Paulo: Landy, 2003. p. 208.

6.5 O posicionamento do Supremo Tribunal Federal

Por tais argumentos, aguarda-se um posicionamento mais ativo do Supremo Tribunal Federal quando da análise de mandados de injunção impetrados.

Espera-se, através do mandado de injunção, decisões que garantam a concretização dos direitos e prerrogativas salvaguardados pela Constituição, de modo a atingir-se a máxima eficácia do texto constitucional.

Com essa postura, terá sido superada a maneira formalista e bloqueante de apreciação do *writ* aqui tratado, o que pode resultar, finalmente, em sua aplicação eficaz e efetiva por parte do Judiciário.

Nesse toar, vale mencionar a lição do José Carlos Barbosa Moreira, para quem:

> Quando porventura nos pareça que a solução técnica de um problema elimina ou reduz a efetividade do processo, desconfiemos, primeiramente, de nós mesmos. É bem possível que estejamos confundindo com os limites da técnica os da nossa própria capacidade de dominá-la e explorar-lhe a fundo as virtualidades. A preocupação com a efetividade deveria levar-nos amiúde a lamentar menos exigências, reais ou supostas, imputadas à técnica do que a escassa habilidade com que nos servimos dos recursos por ela mesmo colocados à nossa disposição.[256]

Assim, há que se perquirir, quando da análise dos mandados de injunção impetrados, conferir às normas constitucionais a sua máxima eficácia, concedendo, ao impetrante, condições efetivas de fruição de direitos e prerrogativas que lhe são constitucionalmente garantidos.

Nesse sentido, Luís Roberto Barroso afirma que o princípio da efetividade impõe ao Poder Judiciário libertar-se das tradicionais formas de interpretação, e, ao revés, assumir, dentro dos limites de sua legitimidade e da razoabilidade, um papel mais ativo no que tange à concretização das normas constitucionais.[257]

---

[256] MOREIRA. *Temas de direito processual civil*, p. 28.

[257] BARROSO. *Interpretação e aplicação da Constituição*, p. 257. No mesmo sentido, ver: TOLEDO, Cláudio. A argumentação jusfundamental em Robert Alexy. *In*: MERLE, Jean-Christophe, MOREIRA, Luiz (Org.). *Direito e legitimidade*. São Paulo: Landy, 2003. p. 239; SILVA. *Direito ao desenvolvimento*, p. 214.

Acrescente-se que, consoante assevera Robert Alexy, é importante que o intérprete deixe de lado a visão estritamente "legalista" das regras. Ao invés de adotar essa postura essencialmente positivista, deve seguir uma racionalidade prática, com a imprescindível consideração dos princípios e dos valores contidos no sistema jurídico.[258]

A esperança de que isso seja possível torna-se ainda maior quando se tem um Tribunal Constitucional com uma composição bastante diversa daquela que havia na ocasião da criação desse instituto no ordenamento jurídico.

Deveras, se considerados os julgados apresentados no item 5.1, *supra*, percebe-se que seis dos Ministros do Supremo Tribunal Federal já não mais estão atuando no tribunal, o que permite uma nova leitura do mandado de injunção, com uma acepção do acesso à justiça voltado à concretização dos direitos e garantias fundamentais tal qual a atual hermenêutica constitucional propugna.

Aliás, as recentes decisões proferidas em sede de mandado de injunção, indicadas no item 4.4, acima, apontam nesse sentido.

Seguindo essa orientação, o Supremo Tribunal Federal estaria apto a concretizar os direitos e garantias fundamentais postos na Constituição, o que traria, ainda, o benefício de uma maximização do sentimento constitucional dos cidadãos, isto é, uma maior compreensão e crença no texto constitucional por parte do cidadão. Resultando em "um entranhamento da Lei Maior na vivência diária dos cidadãos".[259][260]

---

[258] ALEXY. *Teoría de los derechos fundamentales*, p. 47-48. Jerzy Wróblewsky trata do tema explicando que o intérprete deve considerar que a norma está inserida em um sistema coeso, com uma unidade valorativa, pelo que a interpretação deve estar em consonância com as necessidades da sociedade, sendo, assim, dinâmica, criativa. É a isso que ele denomina de interpretação operativa (WRÓBLEWSKY. *Constitución y teoría general de la interpretación jurídica*, p. 35, 76-79). Sobre o tema, ver, ainda: KRELL. *Direitos sociais e controle judicial no Brasil*: os (des)caminhos de um direito constitucional "comparado", p. 81; CASTRO. *Interpretação constitucional e prestação jurisdicional*, p. 18; HABERMAS. *Direito e democracia*: entre facticidade e validade, v. 1, p. 247-248; MONCADA. *Estudos de direito público*, p. 439, 447-448.

[259] BARROSO. *O direito constitucional e a efetividade de suas normas*: limites e possibilidades da Constituição brasileira, p. 48. Para maior detalhamento, ver: CRUZ, Álvaro Ricardo de Souza. Processo constitucional e a efetividade dos direitos fundamentais. *Revista do Tribunal de Contas do Estado de Minas Gerais*, ano XXVII, v. 71, n. 2, p. 84, abr./jun. 2009; BARROSO. *O direito constitucional e a efetividade de suas normas*: limites e possibilidades da constituição brasileira, p. 48-59; VERDÚ. *O sentimento constitucional*: aproximação ao estudo do sentir constitucional como método de integração política, p. 109-123.

[260] É importante, neste ponto, indicar a necessidade de ter-se a noção de cidadania propugnada por Dalmo de Abreu Dallari, no sentido de que deva ser não apenas uma cidadania formal, mas sobretudo uma cidadania que confira aos cidadãos o poder de cidadania, de concreta participação, contribuindo para a preservação e promoção da dignidade humana (DALLARI. Estado de direito e cidadania. *In*: GRAU, Eros Roberto; GUERRA FILHO,

Ruy Ruben Ruschel, criticando a tendência de juristas conservadores sobreporem velhas doutrinas a novos paradigmas, acrescenta:

> Havendo norma inequivocadamente posta, que atenda ao interesse do povo, deve ele daí partir na busca de soluções corajosas, deixando para trás teorias que não mais servem aos novos tempos.[261]

O texto constitucional, aplicado de forma integral deixa de ser visto como mero repositório de promessas e, pelo contrário, passa a ter condições de ser implementado e vivenciado por todos. Paulo Bonavides, a este respeito, afirma que "a salvaguarda da Constituição é o primeiro dos deveres da cidadania".[262]

É por essa razão que se busca conferir ao mandado de injunção a eficácia e sentido almejados pelo poder constituinte, isto é, a compreensão deste remédio constitucional como instrumento apto a conferir uma maior efetividade às normas constitucionais, na medida em que garante o exercício de direitos e prerrogativas aos cidadãos.

Que assim seja.

Willis Santiago (Org.). *Direito constitucional*: estudos em homenagem a Paulo Bonavides São Paulo: Malheiros, 2001. p. 200). Sobre as diversas concepções de democracia, ver, ainda: RULLI JÚNIOR. *Universalidade da jurisdição*, p. 119-121; ESPÍNOLA. *Conceitos de princípios constitucionais*, p. 281-284; MORO. *Jurisdição constitucional como democracia*, p. 111-121.

[261] RUSCHEL. *Direito constitucional em tempos de crise*, p. 132.

[262] BONAVIDES, Paulo. A salvaguarda da democracia constitucional. *In*: MAUÉS, Antonio G. Moreira (Org.). *Constituição e democracia*. São Paulo: Max Limonad, 2001. p. 245. Chega a uma mesma conclusão Luiz Guilherme Marinoni, que afirma que "o acesso à ordem jurídica justa é, antes de tudo, uma questão de cidadania" e essa justiça só pode ser atingida se a jurisdição atua no sentido de realização dos fins do Estado. (MARINONI. *Novas linhas do processo civil*, p. 24, 29). Sobre o tema, ver, também: DWORKIN. *Uma questão de princípio*, p. 8.

CONCLUSÃO

Inicialmente, adotou-se a premissa de que o ordenamento jurídico é um sistema cujas regras são fixadas pela Constituição, a qual tem o papel de fonte de todas as demais normas jurídicas. Por tal razão, o texto constitucional cumpre o papel de parâmetro para aferição de adequação de uma dada norma ao sistema jurídico, tendo como objetivo último a manutenção da supremacia constitucional.

Mais adiante, no item 2.3, tratou-se das classificações das diversas espécies de inconstitucionalidades que podem advir da violação do texto da Constituição, com um destaque maior para a inconstitucionalidade decorrente da omissão na implementação das normas constitucionais. Deveras, consoante o exposto no item 3.1, as Constituições elaboradas após as grandes guerras passaram a conter, além dos direitos e garantias individuais, dispositivos que impõem uma dada ação ao Estado, um *facere*, no sentido de implementar políticas sociais, pelo que o poder estatal deixou de ser visto não como um poder pelo poder, mas surgiu como um poder-dever.

As normas constitucionais de eficácia limitada são aquelas que não produzem todos os seus efeitos com a simples entrada em vigor, necessitando da atuação do legislador ordinário ou outro órgão do Estado, tendo, portanto, aplicabilidade *indireta, mediata* e *reduzida*.

Contudo, ainda que as normas de eficácia limitada dependam de regulamentação ulterior, não devem ser vistas como meros conselhos; ao contrário, a sua previsão constitucional já lhe confere o papel de permitir o controle da omissão do Estado na implementação das medidas exigidas pela Constituição.

A Constituição brasileira de 1988, seguindo essa orientação, previu dois instrumentos para o controle da omissão inconstitucional, a saber: a ação direta de inconstitucionalidade por omissão e o mandado de injunção, sendo este objeto específico de análise.

Demonstrou-se, ainda, que há afronta à Constituição quando se tem uma omissão total, isto é, quando a norma constitucional de eficácia limitada não é regulamentada tal qual exige o texto constitucional.

Além dessa modalidade, há, outrossim, violação ao texto constitucional quando a regulamentação é insuficiente ou insatisfatória, caso no qual se dá uma omissão parcial.

Em ambas as situações, tem-se ofensa à supremacia constitucional, pois a inação daquele que tem o dever constitucional de agir não atende àquilo que a Constituição propugna; não tornando, desse modo, a Constituição, efetiva.

O mandado de injunção e a ação direta de inconstitucionalidade por omissão são instrumentos que se assemelham pelo fato de serem, ambos, meios de controle da omissão, tendo cabimento no caso de ausência de norma regulamentadora de natureza infraconstitucional. Contudo, esse é um dos únicos pontos de identificação entre os institutos, que se identificam no ponto de partida, mas seguem caminhos distintos quanto à finalidade e ao alcance.

Esses instrumentos diferenciam-se no tocante à legitimidade *ad causam*, uma vez que os legitimados a propor a ação direta de inconstitucionalidade por omissão são apontados, no artigo 103 da Constituição, como *numerus clausus*. O mandado de injunção, por sua vez, pode ser impetrado por qualquer um que esteja impossibilitado de exercer um direito constitucionalmente previsto pela ausência de norma regulamentadora. No fundo, uma é ação coletiva; a outra, ação individual.

No referente à competência, a ação direta de inconstitucionalidade por omissão é exclusiva do Supremo Tribunal Federal, enquanto que a competência para apreciar o mandado de injunção depende da identificação do órgão omisso, nos termos do que dispõe a Constituição em seus artigos 102 e 105.

A diferença mais marcante existente entre os dois institutos é a de que, diferentemente do que ocorre com a ação direta de inconstitucionalidade, pelo mandado de injunção, se pretende não a mera declaração da omissão, mas a concretização de um direito abstrato, cujo exercício se encontra inviabilizado por falta de norma regulamentadora.

Não obstante o quanto aduzido, demonstrou-se que o Supremo Tribunal Federal tem, na maioria dos casos, equiparado o mandado de injunção à ação direta de inconstitucionalidade por omissão, o que restringe sensivelmente seu alcance.

Ora, o mandado de injunção foi instituído com a missão de viabilizar, concretamente, o exercício de direitos e liberdades constitucionais a tantos quantos se sintam prejudicados pela falta de norma regulamentadora.

Mas, de acordo com o quanto exposto no capítulo 4, em especial no item 4.5, a compreensão diversa da finalidade do mandado de injunção por parte do Judiciário não é o único bloqueio ao uso do mandado de injunção.

Deveras, no tocante aos pressupostos para impetração do *writ*, o Supremo Tribunal Federal, como regra, tem sido bastante formalista, decidindo que a mera existência de norma regulamentadora, independentemente de seu conteúdo, seria suficiente para impedir a impetração do mandado de injunção, o que resulta na inefetividade do mandado de injunção e, consequentemente, da própria Constituição.

No intuito de rebater esse posicionamento, buscou-se apresentar a maneira que parece, do ponto de vista constitucional, a mais adequada para se interpretar e compreender o dispositivo constitucional, visando assegurar uma interpretação ótima do texto constitucional, no sentido de conferir à norma que cuida do mandado de injunção a máxima efetividade, com a consequente concretização das normas constitucionais. Tal como exigido no inciso LXXI do artigo 5º da Constituição, buscou-se demonstrar o objetivo do constituinte ao idealizar o mandado de injunção: tornar viável o exercício de direitos e de prerrogativas inerentes à nacionalidade, à soberania e à cidadania constitucionalmente previstos.

Assim, a utilidade do mandado de injunção, pelo que se percebe da redação integral do comando constitucional, está ligada à viabilização do exercício de direito ou liberdade constitucional ou de uma prerrogativa inerente à nacionalidade, à soberania e à cidadania por um indivíduo, que lhe esteja sendo negada pela ausência de norma regulamentadora, não na mera existência — ou não — de norma regulamentando o dispositivo constitucional.

Deste modo, não obstante exista, no ordenamento jurídico, uma norma com papel de regulamentar um dado dispositivo constitucional de eficácia limitada, se essa norma não cumpre, integral e suficientemente, seu papel de dar, à Constituição, a eficácia e aplicabilidade almejadas pelo poder constituinte, o uso do mandado de injunção deve ser admitido, com o fim último de que o Poder Judiciário ofereça, ao impetrante, aquilo que o texto constitucional propugna como indispensável ao exercício de direito e garantias postos na Constituição, com a manutenção da supremacia constitucional.

É essa a acepção que se deve ter do artigo 5º, inciso XXXV da Constituição, o qual assevera que nenhuma lesão ou ameaça a direito seja excluída da apreciação do Poder Judiciário. Com efeito, a jurisdição que o texto constitucional propugna é aquela acessível ao cidadão, efetiva, que não se rende ao formalismo excessivo, pelo contrário, é uma Justiça ligada à realidade política e social. É uma jurisdição de resultados que privilegia, sobretudo, a dignidade da pessoa humana.

Passados cerca de 20 anos da promulgação da Constituição, mais de 20 anos da criação do mandado de injunção e da jurisprudência formada sobre o tema, é hora de conferir a esse instituto o alcance pretendido pelo poder constituinte.

Isso fica mais próximo de acontecer se considerarmos que a atual composição do Supremo Tribunal Federal é bastante diferente da de 1988, o que pode resultar em uma oxigenação nos fundamentos das decisões, nova compreensão dos conceitos, uma análise, quem sabe, mais próxima daquilo que a hermenêutica constitucional defende, no sentido de deixar de lado a postura tradicional, eminentemente positivista, formalista, e adotar uma racionalidade prática, com a consideração de princípios e valores contidos no sistema jurídico. Uma hermenêutica de resultados, própria da Constituição, como poder vinculante que é.

Assim, com suporte no princípio da dignidade da pessoa humana, com vistas a garantir a máxima efetividade das normas constitucionais, defende-se, aqui, a percepção do mandado de injunção como instrumento apto a conferir, por si só, a viabilidade de exercício de direitos e garantias constitucionalmente previstas, sempre que inexistir norma regulamentadora ou quando referida norma estiver eivada do vício da inconstitucionalidade.

Diante de tal interpretação do dispositivo constitucional que cuida do mandado de injunção, será possível ver implementados os direitos e garantias fundamentais da forma pretendida pelo constituinte, em 1988, o que resultará na preservação da força normativa da Constituição.

REFERÊNCIAS

*Livros não mudam o mundo, quem
muda o mundo são as pessoas. Os
livros só mudam as pessoas.*
(Mário Quintana)

ACKEL FILHO, Diomar. *Writs constitucionais: habeas corpus*, mandado de segurança, mandado de injunção, *habeas data*. 2. ed. São Paulo: Saraiva, 1991.

AGUIAR DE LUQUE, Luis. Constitución y democracía en la experiencia española. *In*: MAUÉS, Antonio G. Moreira (Org.). *Constituição e democracia*. São Paulo: Max Limonad, 2001.

ALEXY, Robert. Direito constitucional e direito ordinário: jurisdição constitucional e jurisdição especializada. *Revista dos Tribunais*, São Paulo, v 91, n. 79, p. 33-51, maio 2002.

ALEXY, Robert. *El concepto y la validez del derecho*. Barcelona: Gedisa, 1994.

ALEXY, Robert. *Teoría de los derechos fundamentales*. Trad. Ernesto Garzón Valdez. Madrid: Centro de Estudios Constitucionales, 1997.

ÁLVAREZ CONDE, Enrique. *Curso de derecho constitucional*. 4. ed. Madrid: Tecnos, 2003. v. 1 e 2.

ANDRADE FILHO, Edmar Oliveira. *Controle de constitucionalidade de leis e atos normativos*. São Paulo: Dialética, 1997.

ANDRADE, Manuel A. Domingues de. *Ensaio sobre a teoria da interpretação das leis*. 4. ed. Coimbra: Armenio Amado, 1987.

ARAUJO, Luiz Alberto David; NUNES JUNIOR, Vidal Serrano. *Curso de direito constitucional*. 5. ed. rev. atual. São Paulo: Saraiva, 2002.

BACHA, Sérgio Reginaldo. *Mandado de injunção*. Belo Horizonte: Del Rey, 1998.

BACHOF, Otto. *Normas constitucionais inconstitucionais?*. Tradução de José Manuel M. Cardoso da Costa. Coimbra: Almedina, 1994.

BANDEIRA DE MELLO, Celso Antônio. *Curso de direito administrativo*. 12. ed. São Paulo: Malheiros, 2000.

BARACHO, José Alfredo de Oliveira. *Processo constitucional*. Rio de Janeiro: Forense, 1984.

BARBI, Celso Agrícola. Mandado de injunção. *In*: TEIXEIRA, Sálvio de Figueiredo (Coord.). *Mandados de segurança e de injunção*. São Paulo: Saraiva, 1990.

BARBI, Celso Agrícola. Mandado de injunção. *Revista dos Tribunais*, São Paulo, v. 637, p. 7-12, nov. 1988.

BARBOSA, Ruy. *Commentarios à Constituição Federal brasileira*. São Paulo: Saraiva, 1933. v. 2.

BARBOSA, Ruy. *Commentarios à Constituição Federal brasileira*. São Paulo: Saraiva, 1932. v. 1.

BARCELLOS, Ana Paula de. *A eficácia jurídica dos princípios constitucionais*: o princípio da dignidade da pessoa humana. Rio de Janeiro: Renovar, 2002.

BARROSO, Luís Roberto (Org.). *A nova interpretação constitucional*: ponderação, direitos fundamentais e relações privadas. Rio de Janeiro: Renovar, 2003.

BARROSO, Luís Roberto. *Interpretação e aplicação da Constituição*. 5. ed. rev. atual. e ampl. São Paulo: Saraiva, 2003.

BARROSO, Luís Roberto. Mandado de injunção: o que foi sem nunca ter sido, uma proposta de reformulação. *Revista de Processo*, São Paulo, v. 89, p. 57-61, jan./mar. 1988.

BARROSO, Luís Roberto. *O controle de constitucionalidade no direito brasileiro*. São Paulo: Saraiva, 2004.

BARROSO, Luís Roberto. *O direito constitucional e a efetividade de suas normas*: limites e possibilidades da Constituição brasileira. 7. ed. Rio de Janeiro: Renovar, 2003.

BASILICO, Gioretta; CIRULLI, Massimo. *Le condanne anticipate nem processo civili di cogmizione*. Milão: Giuffrè, 1998.

BASTOS, Celso Ribeiro. *A Constituição de 1988 e seus problemas*. São Paulo: LTr, 1997.

BASTOS, Celso Ribeiro. A Constituição de 1988. *In*: D'AVILA, Luiz Felipe (Org.). *As constituições brasileiras*: análise histórica e propostas de mudança. São Paulo: Brasiliense, 1993.

BASTOS, Celso Ribeiro. *Curso de direito constitucional*. 18. ed. São Paulo: Saraiva, 1997.

BASTOS, Celso Ribeiro. *Curso de teoria do Estado e ciência política*. 4. ed. São Paulo: Saraiva, 1999.

BASTOS, Celso Ribeiro. *Hermenêutica e interpretação constitucional*. 3. ed. São Paulo: Celso Bastos, 2002.

BASTOS, Celso Ribeiro; BRITTO, Carlos Ayres. *Interpretação e aplicabilidade das normas constitucionais*. São Paulo: Saraiva, 1982.

BEDAQUE, José Roberto dos Santos. *Direito e processo*. 2. ed. 2. tiragem. São Paulo: Malheiros, 2001.

BENDA, Ernst *et al*. *Manual de derecho constitucional*. Trad. e apres. Antonio López Piña. Madrid: Instituto Vasco de Administración Pública Marcial Pons, Ediciones Jurídicas y Sociales S.A., 1996.

BERMUDES, Sérgio. O mandado de injunção. *Revista dos Tribunais*, São Paulo, v. 642, p. 21-25, abr. 1989.

BERNARDES, Juliano Taveira. *Controle abstrato de constitucionalidade*: elementos materiais e princípios processuais. São Paulo: Celso Bastos, 2004.

REFERÊNCIAS | 125

BEZERRA, Paulo César Santos. *Acesso à justiça*: um problema ético social no plano da realização do direito. Rio de janeiro: Renovar, 2001.

BOBBIO, Noberto. *A era dos direitos*. Tradução de Carlos Nelson Coutinho. Rio de Janeiro: Campus, 1992.

BOBBIO, Noberto. *Estado, governo, sociedade*: para uma teoria geral da política. Tradução de Marco Aurélio Nogueira. 8. ed. São Paulo: Paz e Terra, 2000.

BOBBIO, Noberto. *Studi per uma teoria generale del dirito*. Torino: G. Giappichelli, 1970.

BOBBIO, Noberto. *Teoria della norma giuridica*. Torino: G. Giappichelli, 1970.

BOBBIO, Noberto. *Teoria do ordenamento jurídico*. Tradução de Cláudio De Cicco e Maria Celeste C. J. Santos. 10. ed. São Paulo: Polis; UnB, 1997.

BONAVIDES, Paulo. A salvaguarda da democracia constitucional. *In*: MAUÉS, Antonio G. Moreira (Org.). *Constituição e democracia*. São Paulo: Max Limonad, 2001.

BONAVIDES, Paulo. *Curso de direito constitucional*. 13. ed. São Paulo: Malheiros, 2003.

BONAVIDES, Paulo. *Do Estado liberal ao Estado social*. 6. ed. São Paulo: Malheiros, 1996.

BONAVIDES, Paulo; ANDRADE, Paes de. *História constitucional do Brasil*. 3. ed. Brasília: Paz e Terra, 1991.

BORJA, Célio. O mandado de injunção e o *habeas data*. *Revista Forense*, Rio de Janeiro, v. 85, n. 306, p. 43-48, abr./jun. 1989.

BRITTO, Carlos Ayres. *Teoria da Constituição*. Rio de Janeiro: Forense, 2003.

BULOS, Uadi Lammêgo. *Manual de interpretação constitucional*. São Paulo: Saraiva, 1997.

BURLE FILHO, Jose Emmanuel. Mandado de injunção: não cabe quando já existe lei tratando da questão, caso em que o interessado tem a sua disposição outros meios judiciais. *JUSTITIA*, São Paulo, v. 155, p. 111-114, jul./set. 1991.

CAMEJO FILHO, Walter. Garantia do acesso à Justiça. *In*: OLIVEIRA, Carlos Alberto Alvaro de (Org.). *Processo e Constituição*. Rio de Janeiro: Forense, 2004.

CAMPILONGO, Celso Fernandes. *Política, sistema jurídico e decisão judicial*. São Paulo: Max Limonad, 2002.

CANARIS, Claus-Wilhelm. *Pensamento sistemático e conceito de sistema na ciência do direito*. Tradução de Menezes Cordeiro. Lisboa: Fundação Gulbenkian, 1989.

CANOTILHO, J.J. Gomes. *Constituição dirigente e vinculação do legislador*: contributo para a compreensão das normas constitucionais programáticas. Reimp. Coimbra: Coimbra Ed., 1994.

CANOTILHO, J.J. Gomes. *Direito constitucional e teoria da Constituição*. 5. ed. Coimbra: Almedina, 2002.

CANOTILHO, J.J. Gomes; MOREIRA, Vital. *Fundamentos da Constituição*. Coimbra: Coimbra Ed., 1991.

CAPPELLETTI, Mauro. *O controle judicial de constitucionalidade das leis no direito comparado*. 2. ed. reimp. Porto Alegre: Sergio Antonio Fabris, 1999.

CARRAZZA, Roque Antônio. *Curso de direito constitucional tributário*. 16. ed. São Paulo: Malheiros, 2001.

CASTRO, Flávia de Almeida Viveiros de. *Interpretação constitucional e prestação jurisdicional.* Rio de Janeiro: Lumen Juris, 2000.

CAVERO LATAILLADE, Iñigo; ZAMORA RODRÍGUEZ, Tomás. *Introducción al derecho Constitucional.* Madrid: Universitas, 1995.

CLÈVE, Clèmerson Merlin. *A fiscalização abstrata da constitucionalidade no direito brasileiro.* 2. ed. São Paulo: Revista dos Tribunais, 2000.

COMPARATO, Fábio Konder. Ensaio sobre o juízo de constitucionalidade de políticas públicas. *Revista dos Tribunais,* São Paulo, n. 737, 1997.

CORRÊA, Oscar Dias. *A crise constitucional, a constituinte e o Supremo Tribunal Federal.* São Paulo: Revista dos Tribunais, 1986.

CORREIA, Marcus Orione Gonçalves. *Direito processual constitucional.* São Paulo: Saraiva, 1998.

COSTA, José Rubens. O mandado de injunção como norma garantidora dos direitos sociais. *In:* TEIXEIRA, Sálvio de Figueiredo (Coord.). *Mandados de segurança e de injunção.* São Paulo: Saraiva, 1990.

COSTA, Marcus Vinicius Americano da. Mandado de injunção. *Revista dos Tribunais,* São Paulo, v. 682, p. 31-37, ago. 1992.

CRETELLA JÚNIOR, José. *Os "writs" na Constituição de 1988:* mandado de segurança, mandado de segurança coletivo, mandado de injunção, *habeas data, habeas corpus,* ação popular. Rio de Janeiro: Forense Universitária, 1989.

D'ÁVILLA, Luiz Felipe (Org.). *As constituições brasileiras:* análise histórica e propostas de mudança. São Paulo: Brasiliense, 1993.

DALLARI, Dalmo de Abreu. Estado de direito e cidadania. *In:* GRAU, Eros Roberto; GUERRA FILHO, Willis Santiago (Org.). *Direito constitucional:* estudos em homenagem a Paulo Bonavides. São Paulo: Malheiros, 2001.

DANTAS, Francisco Wildo Lacerda. Mandado de injunção. *Revista dos Tribunais,* São Paulo, v. 788, p. 727-746, jun. 2001.

DANTAS, Ivo. *Constituição e processo:* introdução ao direito processual constitucional. Curitiba: Juruá, 2003. v. 1.

DIMITRI, Dimoulis. Interpretação do direito: conflitos e problemas. *Revista dos Tribunais,* São Paulo, v. 769, 2001.

DINAMARCO, Cândido Rangel. *A instrumentalidade do processo.* 3. ed. São Paulo: Malheiros, 1993.

DINIZ, Maria Helena. *As lacunas no direito.* 4. ed. São Paulo: Saraiva, 1997.

DINIZ, Maria Helena. *Norma constitucional e seus efeitos.* 6. ed. São Paulo: Saraiva, 2003.

DINIZ, Rivanildo Pereira. *Controle da inconstitucionalidade por omissão.* Poços de Caldas: Gráfica Sulminas, 2003.

DWORKIN, Ronald. *O Império do direito.* Tradução de Jefferson Luiz Camargo. Revisão técnica de Dr. Gildo Rios. São Paulo: Martins Fontes, 1999.

DWORKIN, Ronald. *Uma questão de princípio.* Tradução de Luís Carlos Borges. São Paulo: Martins Fontes, 2001.

REFERÊNCIAS | 127

ESPÍNOLA, Ruy Samuel. *Conceito de princípios constitucionais*. 2. ed. São Paulo: Revista dos Tribunais, 2002.

ESTÉVEZ ARAUJO, José Antonio. Constitución y ciudadanía. *In*: MAUÉS, Antonio G. Moreira (Org.). *Constituição e democracia*. São Paulo: Max Limonad, 2001.

FARIA, Luiz Alberto Gurgel de. *Controle de constitucionalidade na omissão legislativa*: instrumento de proteção judicial e seus efeitos. Curitiba: Juruá, 2001.

FERRARA, Francisco. *Interpretação e aplicação das leis*. 4. ed. Coimbra: Armenio Amado, 1987.

FERRARI, Regina Maria Nery. *Efeitos da declaração de inconstitucionalidade*. 4. ed. São Paulo: Revista dos Tribunais, 1999.

FERRAZ JR., Tércio Sampaio. *Direitos fundamentais e controle de constitucionalidade, estudos de direito constitucional*. São Paulo: Celso Bastos; Instituto Brasileiro de Direito Constitucional, 1998.

FERRAZ JR., Tércio Sampaio. *Interpretação e estudos da Constituição de 1988*. São Paulo: Atlas, 1990.

FERRAZ JR., Tércio Sampaio. *Introdução ao estudo do direito*: técnica, decisão, dominação. São Paulo: Atlas, 1988.

FERRAZ, Tércio Sampaio; DINIZ, Maria Helena; GEORGAK, Ritinha Stevenson. *Constituição de 1988*: legitimidade, vigência e eficácia e supremacia. São Paulo: Atlas, 1989.

FERREIRA FILHO, Manoel Gonçalves. *Curso de direito constitucional*. 30. ed. São Paulo: Saraiva, 2003.

FERREIRA FILHO, Manoel Gonçalves. *Estado de direito e Constituição*. São Paulo: Saraiva, 1999.

FERREIRA FILHO, Manoel Gonçalves. *O anteprojeto dos notáveis*. São Paulo: Saraiva, 1987.

FERREIRA, Olavo Alves. *Controle de constitucionalidade e seus efeitos*. São Paulo: Método, 2003.

FERREIRA, Pinto. *Comentários à Constituição*. São Paulo: Saraiva, 1989.

FIGUEIREDO, Marcelo. *Ação declaratória de constitucionalidade*: inovação infeliz e inconstitucional. São Paulo: Saraiva, 1994.

FIGUEIREDO, Marcelo. *O mandado de injunção e a inconstitucionalidade por omissão*. São Paulo: Revista dos Tribunais, 1991.

FIÚZA, Ricardo Arnaldo Malheiros. Mandado e segurança: notícia histórica. *In*: TEIXEIRA, Sálvio de Figueiredo (Coord.). *Mandados de segurança e de injunção*. São Paulo: Saraiva, 1990.

FRANÇA, R. Limongi. *Hermenêutica jurídica*. 7. ed. São Paulo: Saraiva, 1999.

FREITAS, Juarez. O intérprete e o poder de dar vida à Constituição. *In*: GRAU, Eros Roberto; GUERRA FILHO, Willis Santiago (Org.). *Direito constitucional*: estudos em homenagem a Paulo Bonavides. São Paulo: Malheiros, 2001.

GARBARINO, Carlo (*a cura di*). *Enciclopedia garzanti del diritto*. 2. ed. Torino: Garzanti, 2001.

GARCÍA DE ENTERRÍA, Eduardo. *La Constitución como norma y el Tribunal Constitucional*. Madrid: Civitas, 1994.

GARCIA, José Carlos Cal. Mandado de injunção. *Revista de Direito Público*, São Paulo, v. 88, p. 113-115, out./dez. 1988.

GARCIA, Maria. Os efeitos do mandado de injunção e o princípio da separação de poderes. *Cadernos de Direito Constitucional e Ciência Política*, São Paulo, v. 3, p. 80-84, abr./jun. 1994.

GARNER, Bryan A. *Black's Law Dictionary*. 7. ed. Saint Paul: West Group, 1999.

GERAIGE NETO, Zaiden. *O princípio da inafastabilidade do controle jurisdicional*: art. 5º, inciso XXXV, da Constituição Federal. São Paulo: Revista dos Tribunais, 2003.

GOMES, Luiz Flávio. Anotações sobre o mandado de injunção. *Revista dos Tribunais*, São Paulo, v. 647, p. 39-44, set. 1989.

GOMES, Randolpho. *Mandado de injunção*. Rio de Janeiro: Ed. Trabalhistas, 1989.

GRAU, Eros Roberto. *Ensaio e discurso sobre a interpretação/aplicação do direito*. São Paulo: Malheiros, 2002.

GRECO FILHO, Vicente. *Tutela constitucional das liberdades*. São Paulo: Saraiva, 1989.

GRINOVER, Ada Pellegrini. Abuso do processo e resistência às ordens judiciárias: o "contempt of court". *In*: GRINOVER, Ada Pellegrini. *A marcha no processo*. Rio de Janeiro: Forense Universitária, 2000.

GUERRA FILHO, Willis Santiago. *Processo constitucional e direitos fundamentais*. São Paulo: Celso Bastos, 1999.

GUERRA FILHO, Willis Santiago. *Teoria processual da Constituição*. São Paulo: Celso Bastos, 2000.

HÄBERLE, Peter. A humanidade como valor básico do Estado constitucional. *In*: MERLE, Jean-Christophe; MOREIRA, Luiz (Org.). *Direito e legitimidade*. São Paulo: Landy, 2003.

HÄBERLE, Peter. *Hermenêutica constitucional*: a sociedade aberta aos intérpretes da Constituição: contribuição para a interpretação pluralista e "procedimental" da Constituição. Tradução de Gilmar Ferreira Mendes. Porto Alegre: Sergio Antonio Fabris, 2002.

HABERMAS, Jürgen. *Direito e democracia*: entre facticidade e validade. Tradução de Flávio Beno Siebeneichler. 2. ed. Rio de Janeiro: Tempo Brasileiro, 2003. v. 1.

HAMILTON, Alexander; JAY, John; MADISON, James. *O federalista*. Tradução de Ricardo Rodrigues Gama. Campinas: Russel, 2003.

HART, Herbert L. A. *O conceito de direito*. Tradução de A. Ribeiro Mendes. 3. ed. Lisboa: Fundação Calouste Gulbenkian, 2001.

HESSE, Konrad. *A força normativa da Constituição*. Tradução de Gilmar Ferreira Mendes. Porto Alegre: Sergio Antonio Fabris, 1991.

HESSE, Konrad. *Elementos de direito constitucional da República Federativa da Alemanha*. Tradução de Luís Afonso Heck. Porto Alegre: Sergio Antonio Fabris, 1998.

HESSE, Konrad. *Escritos de derecho constitucional*. Trad. Pedro Cruz Villalon. 2. ed. Madrid: Centro de Estudos Constitucionalales, 1992.

KELSEN, Hans. *Quién debe ser el defensor de la Constitución?*. Trad. e notas de Roberto J. Brie. Madrid: Tecnos, 1995.

REFERÊNCIAS | 129

KELSEN, Hans. *Teoria pura do direito*. Tradução de João Baptista Machado. 6. ed. São Paulo: Martins Fontes, 1998.

KRELL, Andreas J. *Direitos sociais e controle judicial no Brasil*: os (des)caminhos de um direito constitucional "comparado". Porto Alegre: Sergio Antonio Fabris, 2002.

LASSALE, Ferdinand. *Que es una Constitución?*. Barcelona: Ariel Derecho, 2001.

LIMA, Francisco Gérson Marques de. *Fundamentos constitucionais do processo*: sob a perspectiva da eficácia dos direitos e garantias fundamentais. São Paulo: Malheiros, 2002.

LOUREIRO JÚNIOR, Luís. *O controle da constitucionalidade das leis*. São Paulo: Max Limonad, 1957.

LOURENÇO, Rodrigo Lopes. *Controle de constitucionalidade à luz da jurisprudência do STF*. Rio de Janeiro: Forense, 1998.

LOWENSTEIN, Karl. *Teoria de la Constitución*. Barcelona: Ariel, 1970.

LUIS VIGO, Rodolfo. *Interpretación constitucional*. Buenos Aires: Abeledo-Perrot, 1993.

LULIA, Michel Miguel Elias Temer. Mandado de injunção e seus limites. *Revista de Direito Público*, São Paulo, v. 98, p. 27-32, abr./jun. 1991.

MACHADO, Carlos Augusto Alcântara. Considerações sobre os pressupostos do mandado de injunção. *Jus Navigandi*, Teresina, ano 4, n. 46, out. 2000. Disponível em: <http://www1.jus.com.br/doutrina/texto.asp?id=126>. Acesso em: 13 set. 2004.

MACHADO, Carlos Augusto Alcântara. *Mandado de injunção*: um instrumento de efetividade da Constituição. São Paulo: Atlas, 1999.

MACIEL, Adhemar Ferreira. Mandado de injunção e inconstitucionalidade por omissão. *In*: TEIXEIRA, Sálvio de Figueiredo (Coord.). *Mandados de segurança e de injunção*. São Paulo: Saraiva, 1990.

MAIOR FILHO, Marcos Antônio Souto. Mandado de injunção, letra morta ou não?. *Jus Navigandi*, Teresina, ano 5, n. 51, out. 2001. Disponível em: <http://www1.jus.com.br/doutrina/texto.asp?id=2056>. Acesso em: 13 set. 2004.

MALUF, Sahid. *Teoria geral do Estado*. 23. ed. rev. atual. São Paulo: Saraiva, 1995.

MARINONI, Luiz Guilherme. *Novas linhas do processo civil*. 2. ed. São Paulo: Malheiros, 1996.

MARTINS, Ives Gandra da Silva; MENDES, Gilmar Ferreira. *Controle concentrado de constitucionalidade*: comentários à Lei nº 9.686, de 10.11.1999. São Paulo: Saraiva, 2001.

MARTINS, Waldemar Ferreira. *História do direito constitucional brasileiro*. São Paulo: Max Limonad, 1954.

MAXIMILIANO, Carlos. *Hermenêutica e aplicação do direito*. 10. ed. Rio de Janeiro: Forense, 1991.

MEIRELLES, Hely Lopes. *Mandado de segurança, ação popular, ação civil pública, mandado de injunção, "habeas data", ação direta de inconstitucionalidade e ação declaratória de constitucionalidade*. 26. ed. atualizada por Arnold Wald e Gilmar Ferreira Mendes. São Paulo: Malheiros, 2003.

MENDES, Gilmar Ferreira. *Controle de constitucionalidade*: aspectos controvertidos. São Paulo: Saraiva, 1990.

MENDES, Gilmar Ferreira. *Direitos fundamentais e controle de constitucionalidade*. 2. ed. São Paulo: Celso Bastos, 1999.

MENDES, Gilmar Ferreira. *Moreira Alves e o controle de constitucionalidade no Brasil*. São Paulo: Saraiva, 2004.

MIRANDA, Jorge. *Teoria do Estado e da Constituição*. Rio de Janeiro: Forense, 2002.

MIRANDA, Pontes de. *Comentários à Constituição de 1967*. São Paulo: Revista dos Tribunais, 1970. v. 1.

MONCADA, Luís S. Cabral de. *Estudos de direito público*. Coimbra: Coimbra, 2001.

MORAES, Alexandre de. *Constituição do Brasil interpretada*. São Paulo: Atlas, 2002.

MORAES, Alexandre de. *Direito constitucional*. 8. ed. São Paulo: Atlas, 2000.

MORAES, Alexandre de. *Jurisdição constitucional e tribunais constitucionais*: garantia suprema da Constituição. São Paulo: Atlas, 2000.

MORAES, Guilherme Peña de. *Mandado de injunção, habeas data, ação popular*. Rio de Janeiro: Espaço Jurídico, 2003.

MORAES, Guilherme Peña de. Questões controvertidas do mandado de injunção. In: QUEIROZ, Raphael Augusto Sofiati de (Org.). *Acesso à justiça*. Rio de Janeiro: Lumen Juris, 2002.

MOREIRA, José Carlos Barbosa. Mandado de injunção. *Revista de processo*, São Paulo, v. 56, p. 110-121, out./dez. 1989.

MOREIRA, José Carlos Barbosa. S.O.S para o mandado de injunção. *Jornal do Brasil*, 11 set. 1990.

MOREIRA, José Carlos Barbosa. *Temas de direito processual civil*. São Paulo: Saraiva, 1997.

MOREIRA, Vital. Constituição e democracia na experiência portuguesa. In: MAUÉS, Antonio G. Moreira (Org.). *Constituição e democracia*. São Paulo: Max Limonad, 2001.

MOREIRA, Vital. O futuro da Constituição. In: GRAU, Eros Roberto; GUERRA FILHO, Willis Santiago (Org.). *Direito constitucional*: estudos em homenagem a Paulo Bonavides. São Paulo: Malheiros, 2001.

MOREIRA, Wander Paulo Marotta. Notas sobre o mandado de injunção. In: TEIXEIRA, Sálvio de Figueiredo (Coord.). *Mandados de segurança e de injunção*. São Paulo: Saraiva, 1990.

MORO, Sergio Fernando. *Desenvolvimento e efetivação judicial das normas constitucionais*. São Paulo: Max Limonad, 2001.

MORO, Sergio Fernando. *Jurisdição constitucional como democracia*. São Paulo: Revista dos Tribunais, 2004.

MOTA FILHO, Cândido. *O conteúdo político das constituições*. Rio de Janeiro: Borsoi, 1951.

MÜLLER, Friedrich. *Métodos de trabalho do direito constitucional*. Tradução de Peter Naumann. Porto Alegre: Síntese, 1999. Edição comemorativa dos 50 anos da Lei Fundamental da República Federal da Alemanha.

NEVES, Marcelo. *A constitucionalização simbólica*. São Paulo: Acadêmica, 1994.

NEVES, Marcelo. *Teoria da inconstitucionalidade das leis*. São Paulo: Saraiva, 1988.

REFERÊNCIAS | 131

NOGUEIRA, Paulo Lúcio. *Instrumentos de tutela e direitos constitucionais*: teoria, prática e jurisprudência. São Paulo: Saraiva, 1994.

OLIVEIRA, Carlos Alberto Alvaro de. A natureza do mandado de injunção. *Revista de Processo*, São Paulo, p. 86-90, out./dez. 1989.

OLIVEIRA, Carlos Alberto Alvaro de. O processo civil na perspectiva dos direitos fundamentais. *In*: OLIVEIRA, Carlos Alberto Alvaro de (Org.). *Processo e Constituição*. Rio de Janeiro: Forense, 2004.

OLIVEIRA, Francisco Antonio de. *Mandado de injunção*: da inconstitucionalidade por omissão. São Paulo: Revista dos Tribunais, 1993.

OLIVEIRA, Marcelo Andrade Cattoni de. *Tutela jurisdicional e Estado Democrático de Direito*: por uma compreensão constitucionalmente adequada do mandado de injunção. Belo Horizonte: Del Rey, 1998.

OTTO, Ignacio. *Derecho constitucional (sistema de fuentes)*. Barcelona: Ariel, 1995.

PACHECO, José da Silva. *O mandado de segurança e outras ações constitucionais típicas*: mandado de segurança, mandado de segurança coletivo, "habeas data", mandado de injunção, ação de inconstitucionalidade, ações constitucionais de responsabilidade civil, ações de desapropriação e ação popular. São Paulo: Revista dos Tribunais, 1990.

PALU, Oswaldo Luiz. *Controle dos atos de governos pela jurisdição*. São Paulo: Revista dos Tribunais, 2004.

PASSOS, José Joaquim Calmon de. *Mandado de segurança coletivo, mandado de injunção e "habeas data"*: Constituição e processo. Rio de Janeiro: Forense, 1989.

PECES-BARBA, Gregório. *Los valores superiores*. Madrid: Tecnos, 1986.

PÉREZ ROYO, Javier. *Curso de direito constitucional*. Madrid: Marcial Pons, 1997.

PIÇARRA, Nuno. *A separação dos poderes como doutrina e princípio constitucional*: um contributo para o estudo das suas origens e evolução. Coimbra: Coimbra Ed., 1989.

PINTO, Tácito L. *Maranhão, mandado de injunção*: trajetória de um Instituto. São Paulo: LTr, 2002.

PIOVESAN, Flávia. *Direitos humanos e o direito constitucional internacional*. 4. ed. rev. atual. São Paulo: Max Limonad, 2000.

PIOVESAN, Flávia. *Proteção judicial contra omissões legislativas*: ação direta de inconstitucionalidade por omissão e mandado de injunção. 2. ed. São Paulo: Revista dos Tribunais, 2003.

POLETTI, Ronaldo. *O controle da constitucionalidade das leis*. 2. ed. Rio de Janeiro: Forense, 1995.

PORTO, Odyr José Pinto. Mandado de injunção: algumas notas para o debate. *Revista de Jurisprudência do Tribunal de Justiça do Estado de São Paulo*, v. 115, São Paulo, p. 8-18, nov./dez. 1988.

PRADO, Ney. *Os notáveis erros dos notáveis da comissão provisória de estudos constitucionais*. Rio de Janeiro: Forense, 1987.

QUARESMA, Regina. O mandado de injunção: a chance do cidadão não sofrer omissão na Constituição de 1988. *In*: CAMARGO, Margarida Maria Lacombe (Coord.). *1988-1998*: uma década de Constituição. Rio de Janeiro: Renovar, 1998.

RAMOS JÚNIOR, Galdino Luiz. *Princípios constitucionais do processo*: visão crítica. São Paulo: Juarez de Oliveira, 2000.

RAMOS, Dircêo Torrecillas. *Remédios constitucionais: habeas corpus*, mandado de segurança, mandado de segurança coletivo, ação popular/ação civil pública, mandado de injunção, habeas data: petição e certidão, inconstitucionalidade por omissão. 2. ed. São Paulo: WVC, 1998.

RAMOS, Elival da Silva. *A inconstitucionalidade das leis*: vício e sanção. São Paulo: Saraiva, 1994.

REALE, Miguel. *Aplicações da Constituição de 1988*. Rio de Janeiro: Forense, 1990.

REALE, Miguel. *Liberdade e democracia*: em torno do anteprojeto da comissão provisória de estudos constitucionais. São Paulo: Saraiva, 1987.

RIANI, Frederico Augusto D'Ávila. *A efetividade da Constituição brasileira de 1988*. Orientador: de Luiz Antonio Rizzato Nunes. 2008. Dissertação (Mestrado) – Pontifícia Universidade Católica de São Paulo, São Paulo, 1998.

ROTHNBURG, Walter Claudius. Argüição de descumprimento de preceito fundamental. *In*: TAVARES, André Ramos; ROTHNBURG, Walter Claudius (Coord.). *Argüição de descumprimento de preceito fundamental*: análise à luz da Lei nº 9.882/99. São Paulo: Atlas, 2001.

RULLI JÚNIOR, Antonio. *Universalidade da jurisdição*. São Paulo: Oliveira Mendes, 1998.

RUSCHEL, Ruy Ruben. *Direito constitucional em tempos de crise*. Porto Alegre: Sagra Luzzato, 1997.

SALDANHA, Nelson. *Ordem e hermenêutica*. 2. ed. rev. Rio de Janeiro: Renovar, 2003.

SALGADO, Joaquim Carlos. Princípios hermenêuticos dos direitos fundamentais. *In*: MERLE, Jean-Christophe; MOREIRA, Luiz (Org.). *Direito e legitimidade*. São Paulo: Landy, 2003.

SAMPAIO, Nelson de Souza. *O processo legislativo*. 2. ed. Belo Horizonte: Del Rey, 1996.

SANTIAGO NINO, Carlos. *Fundamentos de derecho constitucional*: análisis filosófico, jurídico y politológico de la práctica constitucional. Buenos Aires: Astrea, 1992.

SANTOS, Aricê Moacyr Amaral dos. O mandado de injunção. São Paulo: Revista dos Tribunais, 1989.

SARLET, Ingo Wolfgang. *A eficácia dos direitos fundamentais*. 4. ed. Porto Alegre: Livraria do Advogado, 2004.

SARLET, Ingo Wolfgang. *Dignidade da pessoa humana e direitos fundamentais na Constituição Federal de 1988*. Porto Alegre: Livraria do Advogado, 2002.

SARLET, Ingo Wolfgang. Os direitos fundamentais sociais na Constituição de 1988. *Revista Diálogo Jurídico*, Salvador, v. 1, n. 1, 2001.

SCARPINELLA BUENO, Cassio. Inafastabilidade do controle judicial da Administração. *In*: SUNDFELD, Carlos Ari; SCARPINELLA BUENO, Cassio (Coord.). *Direito processual público*: a fazenda pública em juízo. São Paulo: Malheiros, 2000.

SCARPINELLA BUENO, Cassio. *Poder Público em juízo*. 3. ed. rev. atual. e ampl. São Paulo: Saraiva, 2005.

REFERÊNCIAS | 133

SCARPINELLA BUENO, Cassio. *Tutela antecipada*. São Paulo: Saraiva, 2004.

SCHIMITT, Carl. *Teoria de la Constitución*. Versión española de Francisco Ayala. Madrid: Alianza Universidad Textos, 1992.

SHMITT, Carl. *La defensa de la Constitución*. Madrid: Tecnos, 1998.

SILVA FILHO, Derly Barreto e. Destinação e utilidade do mandado de injunção. *Revista dos Tribunais*, São Paulo, v. 673, p. 42-46, nov. 1991.

SILVA FILHO, Derly Barreto e. Mandado de injunção: sua atual concepção. *Revista dos Tribunais*, São Paulo, v. 692, p. 204-205, jun. 1993.

SILVA, Guilherme Amorim Campos da. *Direito ao desenvolvimento*. São Paulo: Método, 2004.

SILVA, Hélio. *As constituições do Brasil*. Rio de Janeiro: Rede Globo, 1987.

SILVA, José Afonso da. *Aplicabilidade das normas constitucionais*. 3. ed. São Paulo: Revista dos Tribunais, 1999.

SILVA, José Afonso da. *Curso de direito constitucional positivo*. 22. ed. São Paulo: Malheiros, 2002.

SILVA, José Afonso da. Mandado de injunção. *In*: TEIXEIRA, Sálvio de Figueiredo (Coord.). *Mandados de segurança e de injunção*. São Paulo: Saraiva, 1990.

SILVA, José Afonso da. *Poder constituinte e poder popular*: estudos sobre a Constituição. 2. tiragem. São Paulo: Malheiros, 2002.

SILVA, Volney Zamenhof de Oliveira. *Lineamentos do mandado de injunção*. São Paulo: Revista dos Tribunais, 1993.

SLAIBI FILHO, Nagig. *Anotações à Constituição de 1988*. 3. ed. Rio de Janeiro: Forense, 1992.

SOUZA CRUZ, Álvaro Ricardo de. Processo constitucional e efetividade dos direitos fundamentais. *In*: SAMPAIO, José Adércio Leite; CRUZ, Álvaro Ricardo de Souza (Org.). *Hermenêutica de jurisdição constitucional*. Belo Horizonte: Del Rey, 2001.

SOUZA, Luciane Moessa de. *Normas constitucionais não-regulamentadas*: instrumentos processuais. São Paulo: Revista dos Tribunais, 2004. (Coleção Temas Atuais de Direito Processual Civil, v. 8).

STERN, Klauss. *Derecho del Estado de la República Federativa Alemã*. Madrid: Centros de Estudios Constitucionales, 1987.

STRECK, Lenio Luiz. *As interceptações telefônicas e os direitos fundamentais*. 2. ed. Porto Alegre: Livraria do Advogado, 2001.

STRECK, Lenio Luiz. *Jurisdição constitucional e hermenêutica*: uma nova crítica do direito. 2. ed. Rio de Janeiro: Forense, 2004.

STRECK, Lenio Luiz. *O mandado de injunção no direito brasileiro*. Rio de Janeiro: Ed. Trabalhistas, 1991.

SUNDFELD, Carlos Ari. *Fundamentos de direito público*. 3. ed. São Paulo: Malheiros, 1998.

SUNDFELD, Carlos Ari. Mandado de injunção. *Revista de Direito Público*, São Paulo, v. 94, p. 146-151, abr./jun. 1990.

TAVARES, Ana Lúcia de Lyra. O mandado de injunção como exemplo de recepção de direito. *In*: CAMARGO, Margarida Maria Lacombe (Org.). *1988-1998: uma década de Constituição*. Rio de Janeiro: Renovar, 1998.

TAVARES, Ana Lúcia de Lyra. O mandado de injunção como exemplo de recepção de constituição. Rio de Janeiro: Renovar, 1998.

TAVARES, André Ramos. *Curso de direito constitucional*. São Paulo: Saraiva, 2002.

TAVARES, André Ramos. *Teoria da justiça constitucional*. São Paulo: Saraiva, 2005.

TAVARES, André Ramos. *Tratado da argüição de preceito fundamental*. São Paulo: Saraiva, 2001.

TAVARES, André Ramos. *Tribunal e jurisdição constitucional*. São Paulo: Celso Bastos, 1998.

TEIXEIRA, José Horácio Meirelles. *Curso de direito constitucional*. Organizado e atualizado por Maria Garcia. Rio de Janeiro: Forense Universitária, 1991.

TEIXEIRA, Sálvio de Figueiredo. *A criação e realização do direito na decisão judicial*. Rio de Janeiro: Forense, 2003.

TEMER, Michel. *Elementos de direito constitucional*. 11. ed. São Paulo: Malheiros, 1995.

THEODORO JÚNIOR, Humberto. Mandado de injunção. *In*: TEIXEIRA, Sálvio de Figueiredo (Coord.). *Mandados de segurança e de injunção*. São Paulo: Saraiva, 1990.

TOLEDO, Cláudio. A argumentação jusfundamental em Robert Alexy. *In*: MERLE, Jean-Christophe; MOREIRA, Luiz (Org.). *Direito e legitimidade*. São Paulo: Landy, 2003.

TUCCI, Rogério Lauria; TUCCI, José Rogério Cruz e. *Constituição de 1988 e processo*. São Paulo: Saraiva, 1989.

VELLOSO, Carlos Mário da Silva; LULIA, Michel Miguel Elias Temer. A nova feição do mandado de injunção. *Revista Trimestral de Direito Público*, São Paulo, v. 2, p. 277-292, 1993.

VELLOSO, Carlos Mário da Silva; LULIA, Michel Miguel Elias Temer. As novas garantias constitucionais: o mandado de segurança coletivo, o *habeas data*, o mandado de injunção e a ação popular para defesa da moralidade administrativa. *Revista Forense*, Rio de Janeiro, v. 306, p. 33-41, 1989.

VELOSO, Zeno. *Controle jurisdicional de constitucionalidade*. 3. ed. Belo Horizonte: Del Rey, 2003.

VERDÚ, Pablo Lucas. *O sentimento constitucional*: aproximação ao estudo do sentir constitucional como método de integração política. Tradução de Agassiz Almeida Filho. Rio de Janeiro: Forense, 2004.

VIEIRA, Oscar Vilhena. *A Constituição e sua reserva de justiça*. São Paulo: Malheiros, 1999.

VITAGLIANO, José Arnaldo. *Instrumentos processuais de garantia*. Curitiba: Juruá, 2002.

WAMBIER, Luiz Rodrigues. *Tutela jurisdicional das liberdades públicas*. Curitiba: Juruá, 1991.

WAMBIER, Luiz Rodrigues; ALMEIDA, Flávio de; TALAMINI, Eduardo. *Curso avançado de processo civil*. 3. ed. rev. e atual. São Paulo: Revista dos Tribunais, 2000. v. 1.

WRÓBLEWSKY, Jerzy. *Constitución y teoría general de la interpretación jurídica*. Madrid: Civitas, 1988.

ÍNDICE DE ASSUNTO

C

Carecedor
- Conceito 16
Constitucionalismo
- Conceito 19
Controle da omissão (mandado de injunção)
- Normas (conceito) 19
Controle de constitucionalidade
- Brasil 31
- Caso *Marbury* vs. *Madison* 24
- Conceito 20, 26, 27
- Controle difuso 34
- - Diminuição 35
- Direito norte-americano 23
- Espécies de inconstitucionalidade
- - Subclassificação 27, 28
- - - explícita 28
- - - formal 27
- - - implícita 28
- - - orgânica 27
- - - temporal 27
- - Vício 28
- Modelos
- - Americano 25
- - - controle incidental 25
- - Austríaco 25
- - - direto 25
- Origem 24
- Supremo Tribunal Federal
- - Competência (Constituição) 36
- - Declaração da inconstitucionalidade com efeitos *ex nunc* 30
Controle constitucional da omissão
- Constitucionalismo

- - História 40
- - - crise de 1929 42
- - - Revolução Francesa 40
- Direito comparado
- - Direito Português 50, 51-56
- Instrumentos (Constituição de 1988) ... 51
- - ADIn por omissão 51, 52
- - - conceito 52
- - Mandado de injunção 51, 52
- Normas constitucionais
- - Classificação 43
- - - normas autoexecutáveis 43
- - - normas com eficácia absoluta 44
- - - normas com eficácia plena 44
- - - normas com eficácia relativa complementável (princípios institutivos e normas programáticas) 44
- - - normas com eficácia relativa restringível 44
- - - normas constitucionais programáticas (eficácia jurídica imediata) 45
- - - normas de aplicação (irregulamentáveis e regulamentáveis) 43, 44
- - - normas de eficácia contida 44
- - - normas de eficácia limitada ou reduzida (declaratórias de princípios institutivos e princípios programáticos) 45
- - - normas de eficácia plena 44
- - - normas de integração (completáveis e restringíveis) 43, 44
- - - normas não autoexecutáveis 43
- Origem 49

M

Mandado de injunção

- Comissão Temática da Soberania e dos Direitos e Garantias do Homem e da Mulher...59
- Conceito...57, 72, 120
- Concessão (Constituição Federal de 1988, Art. 5º)...60
- Constituição da República Federativa do Brasil...15
- Controle da constitucionalidade...17
- - Espécies de inconstitucionalidade...17
- - Objetivos...17
- - Origem...17, 61, 62
- Controle da omissão inconstitucional...17
- - Interpretação da Constituição...90
- - - papel político...92
- - Hermenêutica constitucional...91, 92
- - - conceito...89, 90
- - - métodos...93
- - Supremo Tribunal Federal
- - - decisões...95-104
- Decisão...72-76
- - Servidor público civil (direito de greve)...79, 80
- - Servidor público militar...72, 73
- - Sindicato dos Servidores Policiais Civis do Espírito Santo...78
- Direito alemão
- - *Verfassungsbechwerde*...65
- Direito italiano
- - *Ingiunzione fiscale*...64
- Direito português...64
- Finalidade...70, 77, 78
- - Concretista...71
- - Intermediária...70
- - Não concretista...70
- Função constitucional...16, 17
- Garantia funcional...57
- Máxima efetividade das normas constitucionais
- - Intérprete...106-109
- - Princípio da dignidade da pessoa humana como vetor interpretativo...111
- - - aplicabilidade...114
- - Princípio do acesso à justiça...109-111
- Norma regulamentadora
- - Ausência...15, 16
- Objetivo...16, 67
- Objeto...66-70
- Origem...65, 66
- Pressuposto...81, 82, 83
- - Norma regulamentadora
- - - conceito...84
- - - falta...86
- Pressuposto para a impetração...16
- Supremo Tribunal Federal
- - MI nº 107/DF...12
- - MI nº 670/MS...12
- - MI nº 712/PA...12
- *Writ of injunction*...63

O

Ordenamento jurídico
- Conceito...20

W

Writ of injunction
- Objetivos...63

ÍNDICE ONOMÁSTICO

página

A

Ackel Filho, Diomar 62
Aja, Eliseo 48
Alexy, Robert 116
Almeida Filho, Agassiz 94
Ariño Ortiz, Gaspar 41

B

Bacelar, Ruy (Senador) 59
Bacha, Sérgio Reginaldo 69, 82
Bachof, Otto 20
Bandeira de Mello, Celso Antônio 85
Barbosa, Ruy 43, 48
Barroso, Luís Roberto 27, 48, 82, 88, 115
Bastos, Celso 43, 65, 67, 68, 82,
90, 106, 108
Bermudes, Sérgio 68
Bisol, José Paulo 59
Bonavides, Paulo 117
Britto, Carlos Ayres 43
Bulos, Uadi Lammêgo 108

C

Canotilho, J.J. Gomes 19, 42, 48
Carrazza, Roque Antonio 51
Chaddad, Maria Cecília Cury 12
Clève, Clèmerson 21, 23
Cooley, Thomas M. 43
Cretella Júnior, José 84

D

Diniz, Maria Helena 44, 45, 86

F

Ferreira, Waldemar Martins 40
Ferreira Filho, Manoel Gonçalves 62, 67

G

García de Enterría, Eduardo 23
Gomes, Bento Gonçalves Ferreira 96

página

Gomes, Luiz Flávio 70
Gomes, Randolpho 85
Greco, Vicente 62
Grinover, Ada Pellegrini 62
Guerra Filho, Willis Santiago 70, 107

H

Hesse, Konrad 39, 42, 93, 112

J

Jesus, Marcelo Garcia de 102

K

Kelsen, Hans 22

M

Machado, Carlos Augusto
Alcântara 85, 107
Marbury, William 24, 25
Marshall, John 24
Martins, Ives Gandra da Silva 32, 33
Meirelles, Hely Lopes 63, 82
Mello, Celso de (Ministro) 97
Mendes, Gilmar Ferreira 32, 33, 52, 79
Miranda, Jorge 23, 106
Miranda, Pontes de 43
Moreira, José Carlos Barbosa 69, 73,
88, 115
Moreira, Vital 48

O

Oliveira, Airton de 96

P

Passarinho, Aldir 97
Piovesan, Flávia 53, 58, 85, 107
Poletti, Ronaldo 25
Pozza, Darcy (Deputado) 59

página	página

Q

Quaresma, Regina 82

R

Rousseau, Dominique 112
Ruschel, Ruy Ruben 117

S

Salgado, Joaquim Carlos 106
Sampaio, Nelson de Souza 27
Sarlet, Ingo Wolfgang 45, 94, 111
Silva, José Afonso da 20, 44, 45, 54, 61, 68, 82

Silva, Volney Zamenhof de Oliveira 86
Streck, Lenio Luiz 49
Sundfeld, Carlos Ari 68, 87

T

Tavares, André Ramos 22, 92
Távora, Virgílio 59
Teixeira, Meirelles 43

V

Velloso, Carlos Mário 69
Velloso, Carlos (Ministro) 97
Vieira, Renato Stanziola 113

Esta obra foi composta em fonte Palatino Linotype, corpo 10
e impressa em papel Offset 75g (miolo) e Supremo 250g (capa)
pela Gráfica e Editora O Lutador.
Belo Horizonte/MG, outubro de 2011.